没遇到合适的人，
是因为你没弄清楚，
什么人对自己才合适。

爱情需要经营，
既要经营自我的品位，
也要经营自己爱别人的能力。

婚姻自古以来都不是单纯地代表爱情，
它被赋予了太多其他的含义。

恋爱是一场漫长的修行，
在感情中念念不忘，
会让你错付流年。

姑娘，
总会有爱
翻山越岭找到你

国内值得信任的
女性心理公益平台
柠檬心理　著

廣東旅游出版社
GUANGDONG TRAVEL & TOURISM PRESS
中国·广州

图书在版编目（CIP）数据

姑娘，总会有爱翻山越岭找到你 / 柠檬心理著． —
广州：广东旅游出版社，2019.4
ISBN 978-7-5570-1560-2

Ⅰ．①姑… Ⅱ．①柠… Ⅲ．①女性—爱情—通俗读物
Ⅳ．①C913.1-49

中国版本图书馆 CIP 数据核字（2018）第 245425 号

姑娘，总会有爱翻山越岭找到你
GU・NIANG，ZONG HUI YOU AI FAN SHAN YUE LING ZHAO DAO NI

广东旅游出版社出版发行
（广州市环市东路 338 号银政大厦西楼 12 楼　邮编：510180）
印刷：北京晨旭印刷厂
（地址：北京市密云区西田各庄镇西田各庄村）
广东旅游出版社图书网
www.tourpress.cn
邮购地址：广州市环市东路 338 号银政大厦西楼 12 楼
联系电话：020-87347732　邮编：510180
880 毫米 ×1230 毫米　32 开　8.5 印张　176 千字
2019 年 4 月第 1 版第 1 次印刷
定价：45.00 元

序言

爱，是我们怎么都逃不开的话题。有人说："爱情，是在对的时间遇到对的人。"也有人说："婚姻，就是围城里外的人彼此看不透而又互相琢磨。"

我们听过、看过，也经历过许多，却又没有一个人能真真切切地用三言两语，说清每个人心中最完美的两性关系，留下的好像只有"复杂"和"微妙"这四个字。

其实，爱情并非不可捉摸。从生理学角度说，我们会被某一个人吸引，是受到多巴胺和5-羟色胺的影响。多巴胺的分泌让我们感到兴奋和愉快，使我们觉得自己遇到了真命天子，而5-羟色胺的下降又给予我们足够的能量去追求心上人。

对爱的人产生性欲并不是一件令人羞耻的事情，而是出自人类的本能。性荷尔蒙让我们从远古时代就有了追求另一半、繁衍下一代的基因传递。但是两个人在一起并不是一切的结束，神经肽催产素让人们可以真正做到长相厮守。

从心理学角度来说，爱情是由激情、亲密和承诺三部分组成。激情是爱情中的性欲成分，是情绪上的着迷，代表热烈；亲密是爱情中的动机成分，是心理上喜欢的感觉，代表温暖；而承诺，是爱情中的认知成分，是维持关系的决定期许或担保，代表冷静。

同时具有激情、亲密和承诺的才是完美式爱情，缺少任何一个要素的爱情都不能称之为完美。正如三点可以确立一个平面，缺少任何一个点，这个唯一的平面就不存在。

《姑娘，总会有爱翻山越岭找到你》是柠檬心理的第一本书。

我们团队结合多年心理咨询案例，用通俗易懂的语言，来解释那些常见的、却容易被人们忽略的婚恋问题背后的心理学原理。

你有过下面这些困惑吗？

为什么恋爱总是无疾而终，为什么自己总会被同一类型的人吸引？

有没有方法可以促进两个人的关系，有没有诀窍可以让对方发现自己的美？

怎样才能确定对方是自己的一生挚爱，怎样才能协调彼此的矛盾？

如何控制自己不对爱人发脾气，如何学会沟通，让爱人更理解你？

难道结婚后只能坐等感情越来越淡，难道婆媳矛盾无法攻破吗？

……

如果你也有这样的烦恼，本书就是为你而写。我们拒绝枯燥深奥的理论说教，我们旨在用最生活化的语言，让你知道该如何面对处理自己的感情问题。小到是否要查看伴侣手机，大到如何面对失恋，让我们带你一起，去感受、去理解、去分析，从而让你懂得自己的所思所想，也懂得如何满足自己的所需所求。

学会爱自己，从这一步开始。

目录

第四章 被爱情的甜蜜砸晕，你还能保持清醒吗

第五章　携手对的人，把婚姻“坟墓”变成天堂

第六章　没有结果的恋爱，也是一场治愈的修行

第一章

走出生活的阴暗面，
做一棵拥抱爱的太阳花

我要你知道，在这个世界上总有一个人是等着你的，不管在什么时候，不管在什么地方，反正你知道，总有这么个人。(张爱玲《半生缘》)

你为什么找不到适合自己的人

前几天，柠檬在电梯里听到一个人跟她的朋友抱怨，为什么自己遇不到一个刚刚好的人。找一个“相处起来不费神，争吵起来不伤气”的人太难了，真是“累觉不爱”啊……

人们都渴望获得美好的爱情与婚姻，但在现实中，许多人却屡屡受挫，遍寻不到适合自己的爱人。苦恼摆在眼前，自己却摆脱无力，在适婚的年纪只能无奈地答一句“没有遇到合适的人”。

念青三十岁，以外人的眼光来看，她真算得上是一个好姑娘。脸蛋儿精致得无可挑剔，学历是硕士，在一家很好的单位任职，拿着一份令不少人羡慕的薪水。她不止一次地对不同的朋友说：“我就是想不通，现在的好男人都去哪儿了？我这么优秀，怎么就找不到一个合我心意的人呢？喜欢我的，我都看不上；我喜欢的，都被别人挑走了。”

这时，朋友就会问她：“你想要找个什么样的男人呢？”

念青显然早已把对伴侣的要求烂熟于心。首先，他的年龄不能太大，最多比我大五岁，小两岁也行。我身高一米七，他总不能比我矮吧？再算上高跟鞋的高度，夏天我还喜欢戴帽子，这样他的身高起码得一米八。学历更不用说了，我都硕士了，他最低也得和我一样。还有他必须是城里人，父母得是知识分子，最好是教授。房子也得有，起码是三室一厅，不然结婚后住哪儿呢？虽然车不要求奔驰宝马什么的，但夏利肯定不成。而且，他得爱好体育，五官端正，不能有啤酒肚什么的，最好不抽烟、不喝酒、不打麻将……收入至少不能比我低……

如果给念青的求偶标准做个总结，那么，她理想的伴侣条件是：

年龄在二十八岁到三十五岁，身高一米八，书香门第，硕士以上学历，城市户口，有车有房。人品好，样貌好，收入高，无不良嗜好……

这样条件的男人当然好，但他们在人群中所占的比例是十分小的，也就是说，遇上这样的男人是小概率事件。比如念青要求的身高、学历这两项就已经筛掉了很多人。还有城市户口、有房有车、年薪、家庭背景等条件，悲观来说，一千个未婚男子中未必能找出一个完全符合标准的，这个概率实在是太低了。

其实，在恋爱心理方面，男人和女人有很多不同。大多数男人并不一定会执着地找和自己学历、地位、收入相当的女人为妻。他们有的看重对方是否温柔体贴，有的看重对方是否知书达理，还有的希望找到能和自己拥有共同爱好和话题的另一半。

说句不客气的话，你知道这样的男人好，别人当然也知道。那些想借着婚姻“第二次重生”来改变命运的女人，她们一般都具有更敏锐的嗅觉和求生本能，并且精于谋略，出手更快，更会审时度势，更容易发现那些潜在的“绩优股”。

当然，这并不是让你委屈自己，只是你需要适当地调整你的择偶观而已。

首先应该调整你对婚姻的态度。你不妨尝试着转变观念，把“选择一个最优秀的伴侣”变成“寻找一个最合适的伴侣”，或者说，找到一个“和你聊得来的伴侣”。婚姻毕竟不是比赛，不必处处都争第一。虽然物质条件是婚姻的基础，但婚姻是否幸福还要看两人精神追求的一致程度。如果这个人跟你有相同的爱好和话题，你们的思想境界、追求的人生价值观在同一水平线上，两个人都愿意彼此聆听、彼此分享，那你们才是合适的人。两个合适的人一起维持的婚姻，才能达到精神的高度统一。

其次是调整你对伴侣的要求。身高有那么重要么？女人选择配偶，为什么大多会首选高大的男人呢？这其实是从古代的传统文化中形成的一种固有观念。远古时代，人们几乎没有自我保护工具。在需要打猎和保卫营地的时候，身材高大的男人当然就占了优势。女人为了自身的安全和后代的保障，当然也更愿意找这样的伴侣。然而，世上并没有任何定律说人长得越高大越优秀，只是现代传媒的力量太大，它们总是把一些身材高大的男人通过银幕展现到人们眼前，逼着人们去仰视。女孩子们则被动地接受了这个观念，没有去想它是否合理。

一定要高学历么？学历只能证明人在某一阶段的学习能力，更重要的是人的求知欲，越懂得求知的人，便越谦逊、宽容。有高学历的人也不一定都能做到这点，只不过做到的概率比其他人大一些罢了，因为接触的学问越深，思维方式会越广，也越有可能想了解更多的知识。但说到底，只要是真正懂得求知的人就够了。还有很重要的一点是见识，一个男人不论读了多少书，多会求知，但他若没有走过太多的路，那他对事物的理解方式也必将是十分受限的。

至于房子的问题，虽然多数国家都看重婚姻和住所，但没有哪个国家像中国一样将婚姻与房产如此紧密地联系在一起。这并不是中国传统价值观的反映，而是由婚介公司、房产代理商和官方媒体共同精心炮制出来的一种社会期待。房子应该只是你择偶标准中的一个方面，重要的还是那个人是否和你合适。

其他的一些对伴侣的要求，则需要你多从自身的实际情况出发，考虑到底需要什么样的爱情和爱人。

有些时候，不是你没遇到合适的人，而是你根本没有弄清楚，什么人对自己来说才算是“合适”。

这也是柠檬要说的最为重要的一点，如果你不了解自己是什么样的人，那么你就更不会了解自己对另一半存在什么样的需要。

简单来说，就是人们的自我认识与现实中的自我表现存在偏差，你以为很了解自己，但实际上这种了解里包含太多的水分。

例如在办公室，你每天妆容优雅，工作上雷厉风行，平时休息的时候也喜欢跟同事聊天。可是一放假，你就会选择“宅”在家里，素面朝天，不修边幅，拒绝一切需要出门的活动。这样生活状态下的你可能对自己的定义是对生活有高标准的“社交达人”，对另一半的其中一个标准应该也是要擅长社交，可你除了工作时是“社交达人”，其他时间都“宅”在家里，上哪去碰到这种“社交达人”呢？

结果自然就是找不到你认为符合标准的人了。

导致人们找不到适合自己的人还有一个重要原因，那就是你心中关于“对的人”的理想标准。

总有人天天嚷着遇不到自己的 Mr. Right，即使谈着恋爱，对男朋友也是百般挑剔。这种人就是用心中的理想化标准来要求另一半，稍有不同便暗叫不好，直接跳过磨合的环节就落荒而逃了。

可是你知道吗，不同不代表不合适，是否合适只有在磨合失败后你才能下定义。

那么，怎样才能找到合适的人呢？在柠檬看来，以下几点是必不可少的：

第一，了解自己及自己对另一半的需要。前文柠檬已经提过，人们的自我认识与现实表现是有偏差的。既然自己可能会出现认知偏差，那你不如问一问身边亲近的家人朋友，或是学习、工作上的竞争对手对自己的看法，进行整理汇总，这对你更深入地了解自己会有很大的帮助。

了解自己是一个什么样的人之后，就应该想一想自己对伴侣的真实需要是什么了。柠檬觉得这里可以分为两个部分，即考虑清楚自己希望伴侣所具备的品质和不希望伴侣具备的品质。

考虑希望伴侣具备的品质时，可以从性格、家庭、价值观、共同的兴趣爱好等入手。例如，在性格方面，焦躁的人可能需要一个平和的伴侣；在家庭价值观上，对家人的态度、对另一半的态度都可以列入你的考虑范围之内；共同的兴趣爱好方面，因为每个人都不一样，这里就不展开细说了。

而考虑不希望伴侣具备的品质时，没有吸引力、在重要事项上缺乏共识等，都可以当作你的需求，也只有这样，找到的伴侣才会更合你的心意。

第二，做好适当妥协的准备，学会磨合。世界上没有完美的人，想要找到一个完全符合你的标准的人，可能性微乎其微，为了一些细小的不满意就转身走人实在不值。如果两个人想在一起，就少不了在生活的各个方面进行磨合和包容。

比如，他忍受不了你的骄纵，你可以试着变得谦和；你嫌他工作消极、没有上进心，他也会为了你更加认真积极地工作。

当然，适当地妥协不是一味地退让，而是为了让彼此成为“更适合”的人。你放下你的大男子主义，我收起我的玻璃心，我们就有可能成为合适彼此的那个人。

适当地妥协，不仅能帮你找到合适的恋爱对象，更重要的是，你可以通过择偶标准换个角度重新认识自己。

最后，亲爱的姑娘，送你一句话，愿你最终能够找到一个适合你的人。

我要你知道，在这个世界上总有一个人是等着你的，不管在什么时候，不管在什么地方，反正你知道，总有这么个人。（张爱玲《半生缘》）

为什么有些人恋爱始终失败，婚姻一直不满

“恋爱始终失败，婚姻一直不满”，这样的抱怨声柠檬已经不是第一次听到了。但似乎大多数人只是口头抱怨，并没有去探究背后的原因，更没有实际的行动。

可能很多人都没有发现，自己其实一直在做重复的事：明知道这个类型的男生都花心，在一起后出轨估计会成为常事，但还是控制不住自己接近他，最后因为第三者介入而被踢出局；明知道这种解决冲突的方法是错误的，却还是保持原样，导致矛盾不断催化升级，甚至走到最后一步——分手。

这种现象用一句话来说明就是，“人们在不知不觉中，特别容易与某一类型的人产生深刻而强烈的互动”。在心理学上，这种现象被称作“强迫性重复”，你为什么特别容易与某一类人产生互动呢？说白了，其实就是在他们的身上，你看到了在自己成长过程中扮演着重要角色的人的影子，或者说是某些心理特征，而这些人通常会是你的父母。

既然说是强迫性重复，那么，人们经常会重复什么呢？这主要涉及两方面的内容。

第一个方面，人们会对自己儿时未被满足的部分产生重

复。比如，在童年时期父母对你缺乏理解和关注，那么长大后，能够让你感受到被关注、被理解的人，往往更能吸引你的目光，即使对方身上有很多缺点，但是在你看来，他就是独一无二的，对你有致命的吸引力。

这样的重复，其实就是你不断满足自己需求的过程，满足自己从小缺失、现在想要补上的东西。缺爱就会渴望被爱，缺陪伴就会十分依赖现在的另一半，如此等等。

第二个方面，人们会重复儿时被动的现实生活模式。举个例子，在你家里，父母发生矛盾的唯一解决方式就是永不停止的争吵，那你与你的另一半发生冲突的时候，解决方式往往也是脸红脖子粗地无理争论。这就像人们常说的："长大后我就成了你，变成了我曾经讨厌的样子。"

这样的重复过后，问题还在原地没有得到一点点的改变。原以为有了第二次机会，可以治愈儿时留在内心的创伤，弥补儿时未被满足的遗憾，可谁知痛苦分毫不减，恋爱与婚姻似乎一直到不了幸福的彼岸。

对此，你该如何推开这个罪魁祸首——"强迫性重复"呢？

柠檬的建议是直面自己的内心，追到源头，找到那件让自己一直重复的事情，并且对它进行具体性的描述。在描述过程中，你必须说明白事情发生的时间、地点，这一点很重要。事实上，当你把事件的时间、地点列出来后，就可以告诉自己，现在已经不是过去了，时间和地点都不吻合，为什么还要执着地去重复呢？所以你要认清，现在是现在，过去是过去，这对你摆脱“强迫性重复”十分重要。

如果你是单身，那么跳出“强迫性重复”能够使你找到更适合自己的人；如果你正处于一段恋爱关系或是婚姻关系之中，那么摆脱“强迫性重复”可以让你更理性、客观地去看待问题、解决问题，而不是一味地延续过去的偏见和错误做法。

恋爱结婚，其实是一个弥补自己内心需求不足的疗伤窗口，透过这段亲密关系，你可以发现自己想要什么，也可以更理性地认识自我，并且学会用更好的方式获得自己想要的爱情和伴侣。

面对告白，为什么第一反应是讨厌

柠檬有一个在恋爱问题上比较奇怪的朋友，她单身很多年了，倒不是没人追，相反，她还挺讨人喜欢的，可是每次她的恋爱往往还没开始就已经结束了。她喜欢过不少人，每次遇到喜欢的人，她都会全情投入地表达，向对方示好，为对方做很多事情，在她眼里，对方俨然就是她的全部了。

可这个时候如果男生对她也表示好感，她瞬间就会觉得浑身不舒服，然后抽身离开，到下一次遇到喜欢的人还是会这样。

就在昨天，她找到我说："柠檬，我觉得我好奇怪啊。我明明也很喜欢他，但一想到他也喜欢我，我整个人就有一种被人时时刻刻在监视着的不好的感觉，想让他不要理我。在微信上看到他的头像我都会感到讨厌甚至恶心，我这是怎么回事啊？"

其实，这是一种很典型的性单恋表现。给性单恋下一个简单的定义就是，当你对某人产生好感，而对方也恰好表明了对你的爱意之后，你反而会开始厌恶他。很多长期单身的人都会有一定程度的性单恋性向心理，单恋对于性单恋者来说是一种相当美好的享受，比如在人群中偷偷看一眼单恋对象，或是坐一坐单恋对象的椅子，他们会无法自拔地沉浸在自己的单恋之中。单恋在性单恋者眼中是很美好的，他们会情不自禁地放大对方的优点，幻想出与对方无限亲密的画面。

为什么会有性单恋性向心理呢？这和每个人拥有的不同类型的人格相关。一般可以把人格分为两种类型，安全型人格及不安全型人格。不安全型人格又可分为回避型人格和矛盾型人格。这里所说的性单恋者通常就是回避型人格，回避型人格的产生主要源于幼年时父母对自己关怀的缺失。因为小时候父母没有长时间陪在孩子身边，孩子与父母之间并没有形成特别密切的感情连接，所以孩子会很容易从陌生人那里获得安慰。当分离后再见到父母时，对父母可能就会采取回避态度。这种父母对孩子需求的消极反应，可能就是性单恋性向心理的元凶。

童年时的依恋人格正是成年之后恋爱观的真实写照。这种类型的人喜欢与人交往，却又害怕与人有亲密的接触，把亲密关系视作与人交往的最后底线。性单恋者会天生自带不安全感。

每个人或多或少都会有不安全感，但是不同依恋类型的人往往会采取不同的表现方式。回避型人格的人往往会采取回避联系来处理，也就是主动拉开距离，甚至拉黑断绝关系来规避这种不安全感带来的焦虑。

许多性单恋者在恋爱时会经历一个排斥阶段，他们会通过各种方式逃避与对象讨论这个问题，最直接的办法就是不联系、不接触，最后说出拒绝。

其实柠檬觉得，任何一段恋爱都需要慢慢地接纳和感受。最初，你难免会对对方一些不同于自己的习惯感到困扰，但是一味地拒绝和逃避只会让你错失那个美好的他 / 她。不如坦然地告诉对方自己的这种性向心理，理解和包容是感情最好的处理方式。终会有一个人，会带给你全方位的安全感，让你觉得自己是全心被爱着的。

♡ 相亲为什么总会遇到奇葩

什么时候，才能遇到我的那个他呢？

现在还单身的你我，总会期待一次美妙的邂逅：阳光正好，走在人行道上，会不会有那种擦肩而过的怦然心动；抑或是相识多年，却在某个瞬间突然发现，对方原来就是自己一直在寻找的那个他。

然而，对于大多数普通人来说，遇上类似情节的概率小之又小。

更多的可能是，被迫与一个陌生人相约，坐在一间灰暗的咖啡厅里，听着循环播放的伤感情歌，脑子里不断徘徊的是：什么时候才能结束这些无聊的话题？

为什么那么多人会极度排斥相亲这种相识模式呢？

在柠檬看来，这与著名的心理学“需求层次理论”有着密切的关系。马斯洛提出的需求层次理论以金字塔的形式展现，而位于金字塔最底端的，起到基础作用的是生理需求，其次才是安全需求、爱的需求等。相亲是除职场外的另一个微型社会，在这里，你能够充分认识到自己的优缺点。相亲的场合，极端而论，就是一个赤裸裸的谈条件的地方，“有房吗、有车吗、工作怎么样”，这些已经成为相亲时不可避免的先决条件了。有人可能会不屑于纯粹的物质至上，却没有想过，只有先满足了基本的物质保障，才有可能去追求更高层次的需求。人们之所以会不屑于这些东西，其实是还没有真正做到将这些物质要求不放在眼里，是因为还在为了这个要求奔波劳碌。

当然，在这里也要严肃声明，把结婚当成一场交易，以物质换感情的思维模式一直是柠檬拒绝和排斥的。过度地选择物质生活，而不去认真考虑双方性格是否合适、彼此的行为习惯是否能够接受，甚至在婚姻的忠诚度上面还要打一个大大的问号，在这样的前提下断然选择结婚，婚后面临的矛盾就不是简单的用钱可以解决的了，这种婚姻失败的案例在现实中数不胜数。

所以，要正视的是相亲涉及的物质等硬性条件透明化这个问题，而不是完全追求物质基础，这二者还是要分清楚的。

杨千嬅在一个节目里说过：在与每一个恋人的交往过程中，我学会了如何去爱，这样在遇到携手一生的人的时候，才能够更好地走下去。

这虽是正面的描述，却也潜藏着另一番含义，她在遇到对的人之前也接触过很多有不同需求的人。这其中，有在乎房子、车子的；也有执着于颜值、身高的；还有始终追求三观一致、性格相符的。

然而，这三种甚至更多种类的需求，其实质都是一样的，人们所说的“奇葩”的产生，就是在某种程度上因为需求不一样而自然产生了不一样的想要索求的东西。

举例来说，你想要的是纯粹的爱情，得是兴趣相投、三观一致，对方却一直在提及你的颜值低、工作加班时间太多、闺蜜团太大等，希望你能安心在家做个家庭主妇。这在你看来，肯定会觉得对方的要求真是太奇葩了。但是，如果你跳出生活的圈子，把对方的要求拿出来单看的话，也就可以理解为什么他会这么“独特”了，因为你们两个对婚姻和爱情的需求是不一样的。

不可避免地，有的人在相亲时真的会遇到那种“我有的是钱，你只要跟了我就能享福”的“奇葩”。那还有什么好说的呢，提包、走人，多说一句话都显多余，把他当个笑话，一笑而过就好了。

所以，正确地认识对方的需求，理性地分析自我的需求，那些“奇葩”只是过眼云烟，你要找的是符合你需求的人，这样是不是觉得相亲起来更有动力了呢？

在接触不一样的相亲对象过程中，你对自己未来另一半的刻画会更加明确和清晰。你会知道对方身上什么样的性格或习惯是你绝对不能容忍的。同样，在这个过程中，你对两人之间关系的处理也有了更多的经验。

在相亲及进一步接触的过程中，你知道了该如何去爱人，而不是被动地等着被人爱。你在相亲中遇到的每个人，你每一段或长或短的相亲过程，都在教会你怎样接受爱、分享爱、理解爱。

你要坚信爱情的到来，而这前面的种种，都是在为最后的相遇做铺垫。在每一次相亲过程中，请你一定认真对待，让自己变得更好、更优秀，这样才会在你最好的时光里遇上那个对的人。

你是什么层次的人，遇到同一层次的人的概率就会变得非常大。

爱情需要等待，也需要经营。既要经营自我的品位，也要经营自己爱别人的能力。而相亲，就提供了最佳的机会。

♡ 隔着屏幕，我无法和你产生真正的爱情

“男追女，隔座山；女追男，隔层纱。”

但无论是山还是纱，都不及隔着那一层屏幕来的困难大。随着社交网络这几年的迅速发展，大家都渐渐习惯了在网上生活，吃饭、工作、旅行处处都离不开网络，甚至恋爱前的那一丝暧昧都需要靠网络来传达。于是大家经常会听到这样的“撩妹”“撩汉”套路：你先在微信或QQ上和他聊一聊，聊出感情了再表白。乍一听，这话似乎挺有道理的，但是隔着屏幕，你确定“他”真的就是你心中最完美的那个人吗？

社交软件和现实之间隔着的不只是一个美图秀秀的距离，还有哈哈镜。

社交软件的一个重要特征就是即时性，它传播信息的速度几乎相当于人们面对面的交流。但是事实上，在发信息之前大多数人都会想一下，要怎么说才能达到最佳效果，这也就意味着，人们用键盘敲击出来的对话只是一场在脑海中构思好的表演而已。而所谓的真实反应只是在人们脑子里已经预演过的回放，有趣与否、得体与否，画上的不是问号而是叹号。

当和有好感的人在社交软件上聊天时，人们会利用看不见彼此这一点进行自我修饰，将自己包装成一个有趣的、顺应对

方口味的人，只是为了看见对方“正在输入”时的幸福感。这本是无可厚非的，但是无意中，你让对方了解的就是“假我”了，而最可怕的是，和你惺惺相惜的那个人或许也是在用一个“假我”装成“真我”。

那么，隔着屏幕和你聊天的，到底是生活中的那个真实的人，还是一个理想中的完美之人呢？

除此以外，隔着屏幕的交流会让自己在对方眼中变得难堪、莫名其妙，甚至会让对方觉得话不投机。

出现这种情况，深层次的原因往往是你对对方的了解不够，在某个社交网站上看见他发的某条信息，就大开脑洞地猜测对方的为人及对你的感觉，或者根据对方的回话猜测他发这条信息用的是什么语气，从而在交流过程中根据你想象中的他的形象和他对话，语气里往往带有情绪，而对方在毫不知情的情况下就会觉得莫名其妙。

柠檬在咨询的过程中遇到这样一位女生，她一直暗恋一位学长，将近一年的时间都没有勇气去接近现实中的他，而是通过微信等各种网络渠道关注他的一言一行，今天他发表了疑似恋爱的说说，明天他又好像和谁吵架了，她总是通过这些细节去猜测他到底发生了什么，继而又通过这些猜测去和他交流自己的想法。最终的结果显而易见，男生觉得她莫名其妙，便拉黑了她，这位女生再也进不去她所设想的世界了。类似的案例真的很多，柠檬想说，你喜欢一个人没有错，偷偷去观察一个人也没有错，错的是你选择了一种不正确的交流方式。你可以通过网络了解一个人，但是不能指望在网络里就把这个人了解得一清二楚，只有现实中的交往才能让你真正看清他是什么样的人。

人们不开心了，可以在网络上发一个表情包来表达自己心中的无奈，那现实生活中呢？不开心的行为表现不可能用表情包来代替。有的人会选择默不作声、自我调整，有的人会选择摔东西发泄愤怒，还有的人会用冷战来表达自己的态度。所以，感情中需要磨合的正是后者这些不同的行为表现。

真实是一种勇气，一种不用害怕失去的勇气。人们对社交软件过度的依赖，无形中会衍生一个不真实的自我：颜值、身材、性格、行为习惯等，都会让人们沉溺其中，无法自拔。

当然，马上戒掉这种依赖也是不可能的，但是慢慢地回归自我，尽量将最真实的自我展现出来，不管是生气也好，开心也罢，这种真实的表达会让你更好地认清自己是一个什么样的人，平常的行为是不是合适。

能通话就别打字，能见面就别通话，隔着屏幕无法真实地了解彼此，更何况是遇见对的人呢。

你知道吗，单身是会上瘾的

柠檬的一个女性朋友今年33岁，不久前又一次相亲失败了。但更准确地说，是对方相亲失败了。男方很喜欢她，但是她还不想结束单身生活。

“你知道吗，单身是会上瘾的。”她笑起来时眼角已经有了细纹，但是故作神秘的俏皮神态却像极了一个二八年纪的青葱少女。

她不是没有恋爱经历，以她的个人魅力和能力应该是不愁“脱单”的，相亲只不过是完成父母的任务而已。她平常最爱说的一句话就是：“为什么要找男朋友，一个人生活难道不好吗？”当然，有的人虽然嘴上说着不想找男朋友，心里却恨不得有个人能把自己宠上天。但柠檬的这位朋友是真的不想“脱单”，没有男朋友的她有大把的自由时间，可以在休息时间任性地把手机关机，静下心来看书、画画；工作忙起来时，也不用担心是不是忽略了对方的感受。看到她家里摆着的插花，柠檬觉得，这才是生活应该有的样子。

现在，像她这样不愁嫁的女性不在少数。在知乎上，有一个人问了一个很有意思的问题：“为什么现在的男生普遍不再对女生展开追求？”这个问题折射出来的社会现象就是，现在的人更愿意选择单身的生活。有些人选择单身是因为还没做好为爱牺牲的准备；有些人是因为工作压力太大，觉得自己谈不起恋爱；有些人是因为害怕处理复杂的两性关系。归根结底，是因为人们越来越注重自我的真实感受。

婚姻自古以来都不是单纯的代表爱情，它被赋予了太多其他的含义，以至于它逐渐成为很多人无法避免的心理负担。但随着个人本位文化的传入和个人主义价值的上升，结婚生子、传宗接代的传统价值观不再像过去那般强大。随着现代化和都市化过程的推进，中国都市文化中个人本位色彩逐渐加重，个人快乐的重要性在许多人，尤其是年轻一代心中所占的分量越来越重，这在那些自愿选择单身生活方式的人们身上表现得尤其明显。

当然，女性地位的提高也使女性的单身比例不断上升。从女性开始进入社会参加劳动开始，女性在婚姻中的地位有了彻底的改变。在传统社会，结婚是女性唯一的生活来源和生活方式。但现在，女性已经有了单身生活的资本，有了自己的收入，使她们从依附于男性的“男主外、女主内”模式上升到男女平等的模式。而且，随着这种男女平等模式的深化，女性对自我的认知也有了翻天覆地的变化，她们开始意识到自己完全可以独立养活自己，那么自己的生活为什么还要受到别人的限制呢？

造成单身现象增多的原因还有一点，就是人类预期寿命提高与终身配偶关系的矛盾问题。以前，人类的平均寿命只有三四十岁，保持终身配偶关系的难度还不算大。但在人均寿命已经攀升到七八十岁的当代社会，配偶之间难免会因为情感变化、审美疲劳等问题发生矛盾。逐年上升的离婚率也显示，再恩爱的夫妻也有情感发生变化的可能性，固定的婚姻关系日益成为人们情感和欲望流变的羁绊。而离婚所带来的物质和精神上的损失也让许多人对恋爱、婚姻感到恐惧。

所以，对单身上瘾的你，是不是还在期待属于自己的那份爱情的来临呢？

爱情——真的是看不透、说不清、摸不着，但它来的时候你一定会感觉到。所以，不要急，要耐心地等，相信你也一定会成为某个人的奇迹。

谁还在憧憬一见钟情的爱情

很多女生都会羡慕小说中男女主人公一见钟情的桥段，或许只是不经意的一个转身、一次回眸，一座心墙也随之轰然倒塌。但这种事情要是真的发生在自己身上，大多数人的第一反应却不是甜蜜地牵起对方的手，而是怀疑这份发生在电光火石间的情愫到底靠不靠谱。

在爱情心理学中，初次见面的人能在一个小时以内产生好感就可以称为一见钟情了。其中的“八分钟定律”更是有趣——通常女人只用八分钟就能判断出与陌生男性是否有缘。人们大概都有这种神奇的经历，初见一个人几秒钟，对话不超过三句，就能知道自己喜不喜欢他，甚至能判断出自己能不能和他成为朋友。这就是传说中的“谜之第一印象”。

第一印象，简单来说就是人与人初次相识时，在对方心中留下的印象。第一印象有许多影响因素，比如你的衣着、眼神、谈吐、举止等。第一印象往往是两人能否一见钟情的重要因素。一见钟情并不是随机产生的，也不仅是外貌因素单独决定的，而是对方传递给你的信息是否让你觉得足够被吸引。如果符合你的择偶标准，你就会产生“这就是我要找的人”的感觉。

根据荣格的观点，每个男人的潜意识里都有一个阿尼玛，她只是朦朦胧胧、不具备具体形态却符合某些气质的集合体，但当男人遇到某个令他心动的女孩时，潜意识里的阿尼玛就有了具体的形态，从而让他觉得她就是自己想要找的、要去亲近的人。对一个男人来说，阿尼玛的契合度越高，对女孩就越怦然心动。而女人也是相同的道理，只不过她们潜意识里的人不再是阿尼玛，而是帅气的阿尼姆斯。

荣格所说的阿尼玛是表现出男性集体潜意识的女方，阿尼姆斯是表现出女性集体潜意识的男方。放在一起看，他们被视为相对的存在。阿尼玛可能象征的是年轻女孩，非常自动自发且依靠直觉，或像女巫，或像祖母。它可能跟极深的情绪性和自身生命的力量有关。阿尼姆斯可能象征的是智者、巫师，它倾向于合理，通常具理性主义，甚至爱追根究底。

再说回到一见钟情，其实，现实中一见钟情并终成眷属的比例是非常高的。一见钟情的男女有55%走上了红地毯；长期维持良好婚姻关系的则能到70%以上；一见钟情的夫妻中男性主动离婚率占20%，女性不到10%。不管是日久生情也好，一见钟情也好，你需要在乎的是那种对方恰好合上拍子的感觉。如果感觉对上了，管它是一秒还是十年，为什么不勇敢开始一段感情呢？

给自己、给他一个爱与被爱的机会，与其期待天降爱情，不如自己去把握，或许只需要你一个肯定的眼神，他就会义无反顾地靠近你，爱情里从来不分先后，更重要的是双方的理解与付出。

蔡健雅 *Beautiful Love* 中的歌词："你的出现在无意中，却深深撼动我。"大概就是对一见钟情最好的解释吧。

吸引你的那个人，真的是对的人吗

看电视剧时可以发现，明明男主角和女二号两个人家世相配、喜好相似，属于典型的门当户对情况，但很相配的两个人就是走不到一起，性格冷僻的男主角往往最后选择的都是活泼开朗，与自己性格迥异的女主角。如果问男主角为什么不选择女二号，理由通常都是“我们太相似了，不适合”。两个人的感情能够相互吸引，其中个性占了极大的比例。虽然有人可能会喜欢与自己相似的人，但大多数人通常都会被性格与自己截然不同的人吸引。

这在心理学上可以用一种定律解释——互补定律。即人与人在具体内容上，比如在需要、气质、性格、能力、特长等方面存在差异，当这种差异可以产生相互的满足感时，两人便会产生强烈的人际间的相互吸引力，这就是互补定律的含义。

有研究调查发现，在任何一个团体中，当他们的性格全部相似的时候，就很容易造成内部的不和谐，也比较容易发生争执和冲突。这主要是因为性格相近的人需求类似，同时对一个事物产生需求的时候，大家就会产生利益冲突。就像两个人都是比较没有安全感的人，其中一个人期望对方给自己安全感，但对方也同样没有安全感，也不知道如何获得安全感，自然无法给对方足够的安全感，这就很容易产生矛盾。

心理学家认为，人具有渴求互补的心理，对自己缺乏的东西，通常有一种饥渴心理，而对自己所拥有的东西反而不太重视。就像为什么一些人喜欢找年龄比自己大很多的伴侣，这往往是因为他们童年时缺乏父爱或者母爱，所以长大后希望在伴侣的身上找到这种缺失的父爱或母爱。又或者长相漂亮的美女，最后可能找的伴侣相貌并不出众，却很有才华，就是因为这种才华正好能对上她缺失的东西。

互补的人在生活中通常表现为两方面的互补：一是需要的互补，二是个性的互补。就像陈小春和应采儿，他们就是典型的互补型恩爱典范。一个由于家境影响，不喜欢笑，也不爱说话；另一个从小家庭氛围自由开放，性格大大咧咧、活泼爱笑。他们在性格上完全相反，很好地实现了互补。另外对陈小春来说，因为小时候的经历和成长中遭遇过的屈辱，造成他内心自卑孤僻，对于他来说最需要的是安全感，而应采儿正好满足了他的这种需求。他们虽然性格完全相反，却依然成为十分恩爱的夫妻。

但这并不是说，恋爱就要找性格互补的人才能更好相处。虽然性格对恋情的发展有一定影响，但并不是唯一因素。只有两人彼此的需求能够相互满足，才是爱情持续的关键。无论性格相似还是互补，只要找到你们的相处之道，都会有利于维护你们的爱情。

不可否认，当两个人认识到彼此的相似性的时候，会更加容易相互吸引，会产生遇到知音的欣喜感。大量的社会心理学研究发现，相似会导致人际间的吸引，他们更容易相互接纳和喜欢。发现他人身上有自己的影子，会对自己的行为产生正强化的作用，促进二人不知不觉走近彼此。

不同于“相似性”原则，心理学家荣格则认为“互补性”原则极大地影响了人们的交往。他认为每个人的性格都具有“显性”和“隐性”两面，隐性的性格就是我们的影子性格。就比如说一个内向的人，内心深处可能充满了与人交际的冲动。当遇到影子人格的时候，就会激起人们心中的躁动，涌起兴奋感，从而相互吸引，走到一起。

心理学家克切霍夫等人研究了从朋友到夫妻关系的过程中不同的人际吸引因素所起的作用，结果发现，人们在初交时，距离、外貌等是构成人际吸引的重要因素；结交后，两人三观相似显得更为重要；在友谊和婚姻阶段，双方在人格特质和需求上的互补，也发挥着重要的作用。

因而在一段恋爱关系中，最重要的是三观相似。对于亲情同样重视，对于友情不轻易抛弃，如果一个重情，另一个却重利，那么两个人在一起大概就是彼此折磨吧。在爱情观上，一个认为一生一世一双人，另一个则看重现下的享乐，结果也只会是分道扬镳。简单来说，就是你看重的，他也看重；你不在意的，他亦如此。

柠檬还要提醒大家，在一段恋爱关系里，一定要看重彼此的人生观、价值观、世界观。三观相似的两人在日后的吵闹里面，多是床头吵床尾和的情况；若是不相似，只怕可能会造成积怨过深，最后分手的结果。在爱情里面，性格互补为好，三观则必须是相似的。

你跟外面那些妖艳贱货不一样

柠檬在上大学的时候，曾经在学校英语角偶遇过一个帅哥，他主动问我能否与他一起练习英语口语，无奈当时赶着去上课，只能忍痛婉拒了帅哥。后来想起这件事时，难免心怀遗憾，吃饭时向闺蜜提起此事，她一脸镇定地安慰我说，你放心帅哥还会来找你的。我不解，她回答说，因为按照言情小说的套路，接下来帅哥的内心活动会是“你跟外面那些容易被我外貌迷惑的妖艳贱货不一样”，然后果断决定来找我。

结局是我笑得喷了饭，后来我们一直把它当作一个笑话来讲。

诚然，人们最终都会变得成熟，不再天马行空，不再期待遥不可及的童话爱情。大多数女生在期待爱情的年龄段，总会有一点幻想，觉得茫茫人海中一定有个人在等我，我在他眼中是与众不同的存在。然而现实是你被困在狭窄的社交圈子里，好不容易遇到个心仪的男生，却没有如言情小说中那般成为自动发光体，只能眼睁睁看着男神漠然从自己面前经过。

在守望爱情的过程中，如果你一直处于一种被动的状态，期望会有人来主动了解自己，那大多数时候你就只能原地踏步了。更多时候，你需要主动出击，展现与众不同的一面，吸引特定某个人的注意。如何成为这个人眼中特别的存在呢？不妨按照以下几点来做。

首先，成为真实的你。一个愿意真实看待自己的人，往往也能更深入地体察他人的真实。每个人几乎都想在喜欢的人面前展现出自己最好的一面，但这并不意味着要过分包装自己。如果你喜欢吃重口味的中餐，出门素面朝天，也不太分得清东西南北，那么就没必要故意走淑女路线，吃精致小巧的西餐，化自己不擅长的妆容，装作知性优雅。也许他喜欢的就是那个生活化的大大咧咧的你，端着拿着未免让自己太累。你在他面前放松姿态，展现你真实自然的一面，他也会同样放松紧绷的姿态。你可能会发现，他是个出门西装革履，在家却袜子衣服乱扔的人；是压力大了会通宵玩游戏，懒得理你的人。在真实状态下，你们更容易彼此吸引，也会生活得更加自在。

其次，展现你热爱生活的一面。比如热爱美食就是很好的选择，你可以在空间或微博上发你做的菜，或者你吃到的美食。很少有人能抵挡住美味菜肴的诱惑，他也许会想，要是能尝到你做的菜一定很棒；或者他可能会去你去过的餐厅，吃你推荐的菜肴，这是一种间接了解。你展现了你的生活情趣，这对一个男人来说是很有吸引力的。

再者，学会做正确的时间投资。爱情是需要投入时间去用心经营的，有的女生把时间都花在了提升自己的个人能力上，认为只要自己足够优秀，男生就会注意到自己。确实男生有可能会注意到你，可是你要明白，你要吸引的是你的 Mr. Right，而不是企业的 HR。你的才华和学识会令他们欣赏，你的体贴与关心则会令他们倾心。太多时候你把自己困在狭窄的圈子中，所以只能感慨自己“养在深闺人未识”了。你需要合理规划自己的时间，除了提升自己能力外，还应该把部分时间用于拓展社交圈，增加与异性的互动。你可以在周末的时候约上他，和朋友们一起去钓鱼，一起去享受美食，这都是增进了解与培养感情的好机会。

最后，学会爱你自己。经常有女生跟我倾诉说，我为他付出了这么多，姿态低到了尘埃里，为什么他还是看不到我的好，选择和别人在一起？姑娘，你爱到自己都没有尊严了，他应该也不会怎么尊重你。就像歌词里说的那样：“得不到的永远在骚动，被偏爱的总是有恃无恐。”一个女人要得到一个男人的尊重，就要展现出自己的自信和自立，你就算不喜欢我，我照样可以努力工作学习，充实自己，使自己变得更有魅力。想要做到“今天你对我爱理不理，明天我让你高攀不起”，就必须学会爱自己，做更好更优秀的自己，这样你终会遇到真心欣赏你的男生。

♡ 不是我想单身，只是还未遇到那个他

现在的你是否有被催婚的困扰？今天七大姑和你说："我有一个同事，他的儿子和你一样大，人还不错，你们可以认识认识，看适不适合……"明天八大婆又和你说："你都这个年龄了，再不开始找就嫁不出去了，趁着你还有资本，赶紧找个男朋友吧，别太挑了……"

越来越多的单身者害怕回家，害怕面临这些催婚大队。其实单身的人只是觉得自己还没找到适合的人，所以不愿将就；但父母、亲戚却想着两个人感情多处处就会有了，我们当年也是这样过来的，有什么好挑的。

对于单身的原因，赵雷有一首歌的歌词可以看作是完美的回答，"你说工作中忙的太久，不觉间已三十个年头，挑剔着、轮换着，你再三选择"（《三十岁的女人》）。这句歌词很好地道出了大部分人单身的缘由：有的人忙于工作，把精力放在了其他地方；有的人是逃避恋爱，因为曾经的恋爱经历让他受伤，从而对自己没有信心；也有人在恋爱中不断选择，认为以后会遇到更好的……这个话题我在知乎上也看到过网友们热火朝天地讨论，其中有两个有意思的答案：

我还没找到自己，如何去找另一半？

其实单身一点也不可怕，可怕的是心里连一个喜欢的人都没有。

其实这两个答案都说明了同一个问题：“我们还不清楚自己到底想要什么样的生活，想要和什么样的人在一起。”

你可以去问问那些单身的人，问问他们到底喜欢什么样的人，虽然很多人脑子里有各种关于未来生活的想法，但就是说不清楚“我想要什么样的伴侣”，所以总觉得找不到适合的人。有一句话说得好：“恋爱其实就像在爱自己。”在爱别人的过程中、在寻找爱情的过程中，最重要的一点就是帮助自己寻找到真正想要的东西。比如，你想要的生活、你在恋爱关系中的需求是什么，弄清楚这些后，你找到适合的那个人的概率就会提高很多。

如果你想要脱离单身，那么可以认真了解一下柠檬下面给出的建议，希望可以帮助你尽早找到那个合适的他：

第一，不要排斥相亲场合。到了一定的年龄，家里人都开始迫不及待地给你安排相亲。虽然你可能很讨厌这种方式，但不可否认，这是认识异性最快的渠道之一。其实，相亲不过是认识陌生人的一种方式而已。而且，经过熟人介绍的对象，肯定已经对对方有了一定的了解，这样你对对方也不算毫不知底、一无所知。在这种情况下，如果你觉得可以互相认识了解一下，就安排见面；如果你觉得他完全不是你的菜，也可以干脆地拒绝，而不是从听到“相亲”这两个字就开始强烈地排斥和拒绝。

第二，多参加一些团队活动。大多数人平时工作日都会很忙，所以一到周末就习惯性的“宅”在家里，不是睡觉休息，就是玩游戏看剧，美其名曰“养精蓄锐”。但这样的时间安排怎么能认识新的异性朋友呢？又怎么能碰到那个适合你的人呢？所以，柠檬建议单身的你可以趁着周末参加一些集体活动，既可以认识一些新的朋友，也可以看出一个人的性格、行为方式等，比如，他在聚会时是习惯默默地一个人坐在角落、还是喜欢带动全场气氛？这些都反映出了一个人的性格特点，同时，你也可以通过认识不同的异性来了解自己更容易被哪种性格的人吸引，从而明确自己的需求。

当然，恋爱关系的建立不可以勉强，必须遵循自己的内心意愿。不要为了别人的期待或看法就去选择一条自己不喜欢的路，否则最后受伤的只会是你自己。

第二章

你不发一语，
清风自替你表白

不管你是主动出击的肉食系姑娘，还是羞涩腼腆的草食系姑娘，只要你想和心动的男神在一起，不妨来点套路，就极有可能早日脱单。

为什么总说感情多相处一下就会有了

单身的你是否有过这样的经历，别人问你为什么还是单身时，你会说遇到的人都没有感觉。这时他们就会苦口婆心地劝你：感觉是可以培养的，多相处一下就会有感觉了。生活中确实有很多日久生情的成功案例，可能你也听说过。比如有人不知道为什么，就会觉得以前看起来很普通的男朋友最近却感觉越来越帅了。

这种情况在心理学上是有理论依据的——多看效应，即对越熟悉的东西越喜欢的现象。多看效应缘于心理学家查荣茨做过的一次实验：他准备了一些人的照片，然后把这些照片给参加实验的志愿者们观看，有些照片出现了二十几次，有的出现十几次，而有的则只出现了一两次。之后，请看过照片的人评价他们对照片的喜爱程度。结果发现，哪张照片出现的次数多，志愿者们就会更喜欢哪张照片。他们更喜欢那些看过二十几次的熟悉照片，而不是只看过几次的新鲜照片。也就是说，人们看到照片次数的增加使喜欢程度也相应变高了。

所以，“猎爱”第一招，就是增加你在对方面前的出镜率。现代人的生活内容基本都会展示在自己的社交软件里，你可以通过对方的微博、朋友圈和 QQ 空间了解到其生活轨迹，知道对方会经常在什么时间出现在什么地方。然后你就可以在同一时间去那些地方看看，增加自己在对方面前的出镜率，并且在对方毫不知情的状态下制造“巧遇”，让对方产生惊喜感。

另外还有一个实验：在一所大学的女生宿舍楼里，心理学家随机找了几个寝室，发给她们不同口味的饮料，然后要求这几个寝室的女生可以以品尝饮料为理由，在这些寝室间互相走动，但见面时不得交谈。一段时间后，心理学家评估她们之间熟悉和喜欢的程度，结果发现：见面的次数越多，相互喜欢的程度越高；而见面的次数越少或根本没有，相互喜欢的程度就较低。

从这两个实验中，你是否学到了脱离单身、增强人际吸引的方法和技巧？即增加你在对方面前的曝光率，从而增强他对你的喜欢程度。所以，如果想给别人留下不错的印象，常出现在他面前就是一个简单有效的好方法。就像你在健身房看到一个异性，一开始也许没有注意，但当你第二次、第三次，甚至更多次地遇到他后，你就会产生一种和他有缘分的感觉，心里不自觉地开始关注他，被他吸引，这就是多看效应所产生的作用。

当然，多看效应也有需要忌讳的地方。多看效应能够发挥好的作用，一个关键的前提是他对你的第一印象不会很差。如果你第一次见面就给对方留下很糟糕的印象，让对方觉得没有接触的必要，这时你增加在他面前出现的次数，结果可能会适得其反，让对方对你的印象更差。另外还需要注意的是，“多看”的次数是有限的，俗话说物极必反，过度曝光也可能让对方对你产生厌烦感。

所以，想要让多看效应发挥作用，首先要管理第一印象。在第一印象还不错的情况下，通过一些渠道增加对对方的了解，继而适当地制造巧遇机会，出现在对方面前，让对方感受到你的魅力，这样你脱离单身也会简单很多。

♡ 为什么越遭反对的爱情，越会走到一起

最近，柠檬的姑姑总是过来诉苦，因为她对堂妹带回家的对象有一万个不满意。

男方跟堂妹是研究生同学，尽管人很上进，对堂妹也很好，但是外形和家庭条件却够不上姑姑的标准，而且两个人还是异地恋。姑姑觉得堂妹要是嫁过去，肯定要吃苦受罪，便勒令堂妹赶紧分手，堂妹不愿意，因此两个人天天为这事吵架。姑姑越说那个男生的不好，堂妹就越为男友辩护，最后她甚至直接辞了本地的工作，跑去男友工作的地方了。姑姑为此气得血压飙升，放下狠话，让堂妹走了就别再回来。可是再看堂妹的朋友圈，虽然有些愧疚，更多的是却成功脱离家庭禁锢后自由追逐爱情的喜悦。

姑姑一直不同意他们两个人在一起，最后却把堂妹推到了她男朋友身边，从某种程度上说，姑姑的反对为他俩的感情起到了推波助澜的促进作用。

就像罗密欧与朱丽叶的凄美爱情故事，他们彼此相爱，但由于两家是世仇，感情得不到家人的认可，双方家长对他们百般阻挠。但是，他们的感情并没有因家长的干涉而有丝毫减

弱，反而更加相爱，最终双双殉情。在现实生活中，也常常可以看到类似的事情：父母的干涉非但不能减弱恋人们的感情，反而会使之增强。父母干涉越多、反对越强烈，恋人们就会相爱越深，这种现象被心理学家称为“罗密欧与朱丽叶效应”。

为什么会出现这种现象呢？每个人都是独立的个体，都有自主的需要，即希望自己能够独立自主地做决定，不愿成为别人的傀儡。所以当别人替自己做出选择，并将这种选择强加于身时，人们就会感到自己的主权受到了威胁，从而产生抗拒心理，同时更加喜欢自己被迫要放弃的事物，正是这种心理机制导致了罗密欧与朱丽叶的爱情故事在一代又一代地反复上演。

除此之外，人们应该都有类似的体验，那些越是难以得到的东西，在人们心目中的地位就会越高，对人们也越有吸引力。当人们受到外在压力要求放弃自己的恋人时，由于这种对外强迫选择的抗拒心理，反而会更加转向自己选择的恋人，并增加对恋人的喜欢程度。这样的心理效应反而让这些“被棒打的鸳鸯”关系更加紧密。

所以，若是你也有类似的经历，不妨参考一下“罗密欧与朱丽叶效应”。通过这个效应，恋爱中的男女可以更理智地审视与对方的关系。自由恋爱固然值得称赞，但父母的反对大多数也有一定的道理，不妨心平气和地与父母交流，而不是把恋爱建立在“逆反”“抗拒”“维护自尊”“满足好奇”等对抗内容上。恋爱需要建立在两人的共同点之上，要理性对待“罗密欧与朱丽叶效应”中外界阻挠越大就越要相爱的误区。在恋人自己的眼中，两人的爱是“轰轰烈烈”的、感天动地的，但出人意料的是，这样结合而成的婚姻结局有很多是破裂的。

受外界阻力而激发升温的爱情，往往经受不住现实的考验。两个人一旦遇到感情上的挫折，爱情就很容易产生裂痕。

柠檬觉得，爱是一种“情不知所起，一往而深”的奇妙感觉，同时，爱也是一个需要双方严肃面对的人生选择。所以，你在热恋之余，也应该听听别人的看法，或许对爱情会理解得更深刻、更客观。

♡一不小心陷入“友情之上，恋人未满”的困境

最近柠檬收到了一些私信，主要的内容都是关于爱情的，其中有一个话题，柠檬想和大家唠叨唠叨，那就是“友情之上，恋人未满”。

“友情之上，恋人未满”到底是一种什么样的感觉呢？

简单来说，就是比朋友多一分，比恋人少一分，两个人之间十分熟悉也很有默契，但是还没发展成为恋人关系。你可能有一个关系十分要好的异性朋友，你们之间几乎无话不谈，你给了对方安全感，而对方也对你产生了依赖的感觉。但是，当你发现你对他的情感已经超出了单纯好朋友的时候，他却没有任何这方面的表示。

这种比对方先动心的无奈，让很多人“欲罢不能”。比如前几年热播的电视剧《我可能不会爱你》，里面的男主角李大仁对女主角程又青先动了心，却不得不掩藏自己的真心，维持好朋友的关系，两人经历了太多你追我赶的情节，虽说最后在一起了，但现实生活中又有多少人能像他们一样，有一个如此完美的结局呢？

对此，也有另一种更为大众接受的解读：友情之上，意味

着暧昧；恋人未满，则给对方一种备胎的感觉。

从进化心理学的角度来看，男女之间的友谊都是从吸引开始的。这也是为什么大多数人都认可下面这句话："男女之间不可能有纯洁的友谊。"

虽然人人都想和喜欢的他关系更进一步，但是，如果陷入了"友情之上，恋人未满"的困境，该怎么办呢？柠檬在这里为大家支支招。

首先，改变自己在对方眼中的固有印象。不要像以前一样小心地去维护自己虚假的表象，而要真实地表达自己。两人的关系已经发展到友情之上，却无法到达恋人层面，很大程度上是因为你已经被划分到对方的朋友区域里了。对你，他更多的是朋友之间的熟悉，而异性之间的吸引逐渐被淡化掉，这样的感情很难更进一步。想要改变这样的情况，"改头换面"最为重要。给对方不一样的感觉，让他接触到不一样的你，用神秘的你代替那个他熟悉的你，这样，他才有可能重新认识你，并以异性而非好友的感情对待你。

其次，让对方认识到你对他的重要性。在之前的关系中，你给对方留下的印象可能大部分都是和善、体贴、温柔等，但是这些都是好朋友的性格标签。有句话说"男人不坏，女人不爱"，这话虽糙，但理不糙。当你确认了你对他的感觉后，不妨来个若即若离，在一些生活琐事上，不要立刻冲上去，要让对方明白你对他的影响有多深，让他开始重新思考你们之间的关系。有些事情，并不是你理所当然就该做的，也不是他可以毫不负责任地享受的。做这些事情的前提是你们拥有亲密关系，也就是恋人关系的正式确立。

最后，细微的身体接触会对恋人关系的形成起到促进作用。你们之间缺少的，可能就是身体上细微的碰触，比如揉揉头发、不经意间碰到双手等。细微的身体碰触，可能会改变两人周围的磁场，诱发不同于朋友之间的情感体验。

总结来说，这些做法都是为了让对方认识到你的与众不同，改变你们相互间固有的看法，从而引发可能存在的、却被潜藏起来的爱情萌芽。

♡ 脸红心跳？一招教你科学脱单

常常听到人们说“一见钟情”，但也不乏有人把其称之为“见色起意”，高颜值是引起对方心跳加速的有力保证，爱情经常会在那一瞬间产生。

但柠檬觉得，颜值并不是产生“一见钟情”的全部条件，心理学上有一个著名的效应——吊桥效应，它可以告诉你另一种容易一见钟情的情况。

吊桥效应，是指当一个人提心吊胆过吊桥的时候，会不由自主地心跳加快。如果这个时候，碰巧遇见一个异性，那么他会误以为眼前出现的这个异性就是自己生命中的另一半，从而对其产生感情。

产生感情是因为其情绪受到了行为的影响。在吊桥上，由于危险的情境，人们会不自觉地心跳加快，错把由这种情境引起的心跳加快理解为对方让自己心动才产生的生理反应，故而对对方滋生出爱的情愫。所以，如果男女双方共同参加一些刺激性的项目，便可以有效地让双方的感情升温。比如，游乐园里的跳楼机、过山车、鬼屋等，或者一起去看恐怖片也可以让彼此的心更加贴近。

用“吊桥实验”来解释大家也许会更容易理解。实验是这样的，有一位研究者让女助手到一些大学男生中做调查。调查对象被分为三组，内容很简单，流程也基本一致，只是发生的地点不同，分别是安静的公园、坚固而低矮的石桥及危险的吊桥。在调查结束后，女助手把自己的名字和电话号码告诉了每一个参加实验的大学生，告知他们如果想进一步了解实验，可以给她打电话。最后实验的结果很有趣，与其他两组相比，在危险的吊桥上参加实验的大学生给女助手打电话的人数最多。

在吊桥这个外部环境下，男大学生们心跳加速、呼吸急促、面色潮红，这是人处于危险时的正常表现，但也恰好是一见钟情的主要表现。而他们在向自己解释这种生理反应时，更多偏向于自己对女助手产生了兴趣而非环境使人恐惧，自然而然的，他们就打电话给女助手了。

根据这个实验可以知道，爱情有时候可能产生于错误的归因。危险使人心动，这也是在古装剧中，英雄在“救美”后总能抱得美人归的主要原因吧。

这个实验告诉大家，如果你想拿下男神或者女神，那约他出来时就不要选择去乡间或者古典音乐会这样平和安静的环境了，反而可以尝试一下去摇滚音乐会、爬山、玩过山车，或者看恐怖片这样一些带有惊险刺激因素的活动，让他的心跳加速变成你的吸引力。

听到这里，大家是否已经了解了“吊桥效应”中的科学脱单方法呢？

第一招，就是使对方心跳加速。在生活中，使人心跳加速的情况有很多，如果你能合理运用这些情况，那么获得对方爱恋的机会就会大幅度增加。

一个人在剧烈运动过后会大汗淋漓、心跳加速，如果你暗恋一个人，不如伺机而动，趁着他运动的时候到他面前假装偶遇，说不定会日久生情，由此促成一段姻缘。

如果两个人约会去看电影，相比于小清新的文艺片，恐怖片自然会是首选，一个个吓人的画面使人心跳不断加速，这时候他看你一眼，也许就会觉得你魅力无边。

当然了，游乐场里的过山车、鬼屋、密室逃脱等游乐设施也是不错的选择，不过前提是女生自己要够胆量，不要一圈下来女孩子吓得不行，男孩子却毫无反应。

总之，如果你想让心仪的他更喜欢你，可以尝试去寻找新鲜刺激、能够使其产生心跳加速的活动，让对方觉得产生这种反应是因为你，那你离“脱单”也就不远了。

但是，如果自己或对方在上述活动中会产生严重的身体不适，这个招数就要慎用了。不用着急，柠檬还有第二个小妙招给你。

这一招来自另一个心理学实验。实验者找来一群陌生男女随机配对，然后分成两组进行一些活动来互相认识。第一组的人会玩一些惹人发笑的游戏，比如一个人叼着吸管说出指示，另一个人蒙着眼睛去执行指示等；另一组则进行普通的游戏。后来研究者发现，做搞笑游戏的男女之间亲近感要高得多，其中的奥秘就是幽默这个润滑油在起作用。

有的人在约会时很会玩幽默、找话题，比如想要了解对方的性格时并不平铺直叙，而是会问：“你觉得自己是什么馅的月饼？”但是对于不那么幽默的人来说要怎么办呢？这个实验就告诉了人们一个好方法，那就是创设一个有趣的情景，一样可以起到增加约会对象亲近感的作用。

所以在选择约会的活动时，你可以试试看喜剧片、听相声等能一起发笑的活动，增加你们之间让人愉快的共同话题。比较活泼的情侣也可以试着一起玩一个有趣的游戏，比如看着对方的脸比比谁先被逗笑，互相推手看谁的脚先移动，还可以加上像贴纸条这样的趣味惩罚，创造一些只属于你们的搞笑经历和回忆。

虽然有了科学“脱单”的理论，但具体修行还是在个人。

“英雄舍身相救，小女子无以为报，唯有以身相许”，这大概是武侠剧中最常见的情侣相遇方式。面临危险，恋人们总是不放弃彼此、携手狂奔，这大概也是爱情剧中主人公彼此情感升华的最佳桥段。“英雄救美，佳偶天成”，总是最为观众津津乐道的内容。但是，英雄救美式的爱情在生活中真的存在吗？抑或只是作者们臆想出来的套路呢？

其实，英雄救美式的爱情也可以用“吊桥效应”来解释。危险的情境中人们难免会产生心跳加快、呼吸急促等生理反应，而如果有异性与自己同时存在于这一情境中，就会把这种因恐惧而产生的心跳加速错误归因，认为是对方的魅力让我心跳不已，正是这个“美丽的错误”导致了双方进一步相爱。这样的例子在生活中并不少见，情侣们一起坐过山车、一起看恐怖片或者一起经历一些险境，都会引起他们情绪上的波动，从而激发内心对对方的情感。

生死关头的“英雄救美”在现实生活中少之又少，更多的是像窘迫时有人伸出双手，尴尬时对方帮忙解围等这类小事。但就是这样的小事也足够树立起他高大、有担当的男子汉形象，让你开始崇拜他，觉得自己遇到了最浪漫的邂逅，因而对他好感倍增，并期待下一次的相见。

吊桥效应的研究者阿瑟·阿伦（Arthur Aron）博士曾说：“如果你想要引起某个人的注意，可以安排一些刺激或者令人害怕的事情。”听到这里，你是不是打算带着女神去看恐怖片了？不过男生们得保证到时候自己不是被吓倒的那位噢。

为什么幽暗摇曳的烛光，能让爱情升温

在情侣们如胶似漆的恋情中，烛光晚餐称得上是一次浪漫约会中必不可少的助攻神器。摇曳的烛光映照着恋人的脸庞，其他的一切都被暖黄色的光芒隔绝在黑暗之外，怎么能不让人心醉神迷呢？

其实，浪漫的烛光晚餐中，也蕴含了奇妙的心理学知识。许多心理学实验表明：光线会影响人的情绪和行为。加拿大多伦多大学和美国西北大学的科学家就进行过这样的实验，他们将参试者随机分为两组，一组置身灯光较强的房间，另一组置身灯光较暗的房间。第一项试验中，两组参试者均被安排观看一段假想广告片，主人公因为上班迟到而可能具有攻击性的行为。结果发现，认为广告片主人公具有攻击性的人，大多来自光线较强的房间。第二项试验中，研究人员让两组参试者对一组词汇所表达的情绪感觉进行分类，如积极词、消极词和中立词等。结果发现，在灯光较强房间里的参试者认为“鲜花”和“微笑”等词汇更积极，“牙医”和“医学”等词汇更消极。两组参试者对中立词汇的评价没有区别。

研究人员认为，两组参试者之所以对词语有不同的感受，是因为在灯光下人们对热量的感知更敏锐了。心理学家认为，

灯光太亮更容易让当事双方察觉并放大对方的“攻击性”，同时也会增强人们对情绪化言辞的敏感性。在光线较暗的场所，双方看不太清对方的表情，戒备更少，彼此产生亲近的可能性会远远高于光线比较亮的场所。

正常情况下，大多数人都能根据对方和外界条件来决定自己应该掏出多少心里话，特别是对还不十分了解但又愿意继续交往的人，既有一种戒备感，又会自然而然地把自己好的方面展示出来，把自己弱点和缺点尽量隐藏起来。因此，这时双方就会感觉有些难以沟通。而光线微弱、黑暗降临，削弱了对方的感官，无形中给自己打了掩护，紧绷的神经便会松弛下来，更容易敞开心扉、自我流露。而且，自己的感官被削弱以后，就会变得脆弱而敏感，倾向于在黑暗中靠近同伴，寻求安全感。于是，黑暗效应就产生了。

黑暗效应也解释了为什么在灯光昏暗的酒吧和舞厅，陌生人之间比在普通场合更容易相互认识，甚至产生恋情。人们在黑暗之中更容易放下警惕性和戒备心。美国《消费心理学杂志》刊登的一项新研究发现，人的情感反应在较强灯光下更激烈，在光线较暗环境中人会更温和。如果夫妻交谈前调暗灯光，那么吵架的概率就会大大降低。

为什么年轻人的“约会三件宝”是“吃饭、逛街、看电影”呢？吃饭和逛街作为生活所需都可以理解，为什么还有一个是“看电影”呢？根据上面所述的黑暗效应，在光线昏暗的场所，双方看不清对方表情，就容易对对方减少戒备感和产生安全感。这种情况下，彼此产生亲近的可能性就会比较大。

黑夜能给人一些伪装空间，从而让人更有安全感，人们很多不能为人所知的行为在这时就会展现出来。这时的人是放松的，压迫感也是最低的，于是可以更加自在愉快地交流。

韩剧《太阳的后裔》中有一个片段，女主角宋慧乔的身后点着昏暗的蜡烛，正对着男主，说了一句“撩”感十足的台词：“我研究过了，在这样的光线下显得我最美。”她是对的。在昏暗的灯光下，人看起来就是最美的，不信你也可以实验看看。

著名推理小说作家东野圭吾在《白夜行》中也写到过黑暗效应，当两个人都被黑暗包围吞噬后，唯一温暖的源泉就只有彼此时，这两个人自然会互相靠近，相拥取暖。

把黑暗效应带入职场之中，就会发现黑暗效应其实并不黑暗，反而能照亮人心。这是因为黑暗效应是一种反其道而行之的心理现象，打破固有的思维模式，为自己开拓出一条新的道路。可以做这样一个设想，一个业务员在客户上班的时候冲到客户面前开始介绍自己的产品，谁都会觉得他是来骗自己口袋里的钱的。如果换种方式，在下班的时候约客户吃个饭，在休息时间里以一种娱乐的态度“顺便”谈谈自己的产品，说不定生意反而就做成了。所以，当正路走不通时，黑暗效应的反其道而行可能会真正带你到达目的地。

光有真心还不够，再加一点套路才完美

最近，经常有女生问柠檬这样一个问题，“为什么我周围的人都有对象了，我却还是单身一人？”很多女生都有这样的疑问，自己的条件并不算太差，为什么还是没找到男朋友。对此，柠檬的回答是，你和你的男神之间可能只是差了一些套路。

不管你是主动出击的肉食系姑娘，还是羞涩腼腆的草食系姑娘，只要你想和让你心动的男神在一起，不妨来点套路，就极有可能早日脱单。千万不要觉得套路是拿不上台面的东西，如果你真心喜欢他，就要相信你可以给他幸福，那么套路只是你们爱情里的催化剂而已。

接下来，柠檬就给大家传授一些简单的“脱单套路”。在你和男神已经相识一段时间，并且达到朋友的关系后，就可以采取下一步行动了——约男神出来。当然，如果是对方先约你的话，就说明是“郎有情妾有意”了，接下来自然就水到渠成。

如果是你约男神出来，记住一定要模糊邀约，切忌直白地说：“今天晚上我们一起去吃饭吧。”那要怎么模糊呢？举个例子，比如说三月快到了，某个景区的桃花已经开得十分绚烂，你就可以跟男神说：“三月某个景区有桃花节，桃花开得十分

好看，我很想去看。据说两个人去可以打折，要不我们下次有空一起去吧。”你发现了吗？模糊邀约会显得你很自然，将时间模糊化，你的目的也模糊化，这样不会给对方太大压力，成功概率也会比较大，即使失败也可以笑笑掩饰过去，不会很尴尬。如果他回复说好，你就可以过一段时间再精确地邀约，确定时间和地点，这时你可以说：“上次我们说好的，要一起去某某地方，你某某时间有空吗？”这样的话一般就能成功地进行约会了。

从心理学角度来说，每一个人都会在潜意识里试图保持自己的一致性，避免自己成为言行不一、没有信用的人，所以一般情况下他不会拒绝你。但是如果他真的拒绝你了，只能说明他对你没有感觉，也可以说是你在吸引这个环节没有做好。

如果你想成功吸引到对方，就要散发你的性张力。对此，可以参考下面几点建议：

1. 世界上没有丑女人，只有懒女人。在柠檬与周围异性朋友的交谈过程中，了解到男生都喜欢长得漂亮的女生，如果不漂亮，通过化妆变得漂亮，男生也是会喜欢的。所以姑娘们要好好打理自己的脸蛋和身材，用优质一些的化妆品，加强运动和锻炼，入口的东西都要确保对身体有好处。这不仅是为了吸引异性，也是对自身的保养和维护。

2. 提升内在美，多读书，多旅行，始终保持一颗善良温柔的心。哪怕你长得不倾国倾城，也要在这个复杂的社会里以优雅的姿态摸爬滚打。去看看世界的辽阔壮丽，让自己的眼界和胸怀如山如海；去读读书中的人情练达，让自己的心境如水如云。

3. 自信的女人最有魅力。有的女生总是在和异性交谈的过程中感到紧张和害怕，在对方不知道你喜欢他的情况下，这显然是不利的，会阻碍你和他的深入了解。所以克服不自信的情绪不容轻视。

姑娘，不必为“性”这个词感到羞耻。在社会学的领域里，性是人类生活不可缺少的重要组成部分。微博上曾经流行过一句话：“如果一个男人只想睡你，他一定不爱你，但是如果一个男人压根不想睡你，他也是不爱你。”提升所谓的性张力就是增添你的女人味，换位思考，你也肯定喜欢有男人味的异性呀，所以这一点对于你提升自己的吸引力很关键。你只有把观念摆正了，才有可能真正提高自己的魅力和吸引力。

用你的真心，加上柠檬告诉你的一点“套路”，俘获男神绝不是天方夜谭，最后，愿所有的姑娘都收获自己想要的爱情。

第一招，频繁见面。如果你的心上人是学校的同学，就可以想办法混进他的社交圈子；如果你的心上人是职场里的同事，就要调整自己的上下班时间，尽量与对方的时间一致，争取在路上就能碰面。总而言之一句话，就是要多见面，多在他眼前出现。可能有人会产生这样的疑问——“就这么简单吗”。其实，这个方法是非常有效的，人对多次接触的人或事物，非常容易产生好感，这在心理学上被称之为“单纯接触原理”。

美国心理学家罗伯特曾经做过一个实验，以此来证明人们对熟悉的人或事物具有一种正面的情感。也就是说，只是单纯地增加接触次数，也有可能培养出好感。所以，如果你有了心上人，就尽量多在他面前出现吧。

第二招，靠近对方，让他了解自己。如果喜欢上一个人，又想赢得对方的好感，除了频繁见面，最好经常出现在他身边。有人做过这么一个实验，让一位男士和两位女士同时聊天，不过其中一位女士距离男士只有 50 厘米，而另外一位女士距离男士 2.4 米。结果发现，男士对距离自己比较近的女士更有好感，而这位女士也对这位男士产生了好感。心理学上将这种现象称之为“靠近的因素”。

只是单纯地多看几眼，距离拉近一些，就可以缩短彼此之间的距离。之后如果能够相互加深了解，彼此的好感就会更多，这就是“熟知性法则”。一起工作的同事，时间久了就会渐渐熟悉起来，他喜欢吃什么，他擅长做什么，这些都会有所了解，个人兴趣爱好、特长、生活方式也都不是秘密。彼此了解之后，如果合拍，就很容易产生好感。

第三招，寻找共通的地方。人都有一种心理特征，就是对趣味相投或者生活方式相似的人容易产生好感。所以，当你有了心上人之后，可以先打听一下对方的兴趣爱好、喜欢的食物等，如果其中有和自己相似共通的地方，那不妨在他面前多提及你们相似的地方，有可能的话还可以一起分享这些兴趣所带来的快乐。

当了解到对方和自己存在类似性的时候，人们通常会感到安心、产生安全感，进而更容易敞开心扉，这就是“类似性因素”，也是拉近彼此距离的一个有利因素。

第四招，自我告白，向对方倾诉一些自己的秘密。当对方了解到你的一些秘密，尤其是当他知道这些秘密你从未向其他人提起过时，他对你的亲切感就会立刻升温，这就是“自我告白”。不过，也有不少人不愿意跟别人讲自己的秘密或者谈及隐私性话题，也许是怕和别人讲了之后反而会惹人讨厌。其实，结果可能恰恰相反。如果你能够学会自我告白，不仅可以减轻因为积压了太多秘密而带来的心理压力，还能赢得别人的好感，说不准就可以收获一份美丽的爱情呢！

但是，如果两个人还没互相熟悉，交往也不是很多，最好不要进行这种很深入的自我告白，大多数时候只会起到适得其反的效果。所以，自我告白也需要循序渐进，随着关系的深入而逐渐敞开自己的心扉。

想离暗恋的他更近一步

在这一节里，柠檬想和大家聊一聊暗恋这件小事，故事来源于《金星秀》里一位观众的来信。

小A在美国读书，快要毕业回国的时候喜欢上一个白人帅哥。情人节那天，白人帅哥在家里举办单身派对，小A并没有赴约，而是买了一束玫瑰花。大家都以为小A是去表白，出乎意外的是，小A只是到他的公寓外面，在窗户外看着他们：大家都玩得很开心，而白人帅哥只是坐在沙发上安静地看着他们玩游戏。小A默默地把花放到他汽车的车顶上，祝福他找到真爱，便在小雨中离开了。一个月后，已经回国的小A收到了白人帅哥的一封邮件，他告诉小A，其实他是打算在情人节那天在所有朋友面前向她表白的，但是小A没去，于是他猜测小A可能另有约会，就没有再打扰。小A回复了他说谢谢和祝福，并没有告诉他那束花是谁放的，就让那个秘密永远地留在了那一天。

多么好的缘分，就这么擦肩而过了。暗恋在开始的时候可能以为只是好感，等到在心中生根发芽了，你才会发现它已渐渐占据了整个胸膛。你是否也曾觉得某一个人对你特别有吸引力，想要一整天都待在他的身边？然后自己一个人的时候，在纸上一遍又一遍地写着那个人的名字……你是否也曾反复纠结：他会喜欢我吗？我该怎样才能和他搭上话？我要怎样才能让他爱上我？也常常在自己打自己的脸：天哪，他现在不会在和别人约会吧！

除了暗戳戳地着急、装作不在意地偷看，到底应该用什么方法接近暗恋的他呢？

首先，不要过度依靠网络来关注他。这不仅不能让你离暗恋对象越来越近，还会导致你产生焦虑。如果过度关注他的网络消息，反复思考他发的每一句话，默默在心里猜测他的心情，分析他晒的照片，猜测和他合照的异性是谁，他们是什么关系，结果只能是你暗自神伤，但却并不会对现实有任何改变。有时候，他只不过是发了一句自己心情不好的话，你就会为他感伤，自己的心情也跟着不好了；他只不过是分享了一首悲伤的歌，你就也像被悲伤支配了一样，无法自拔。但这只是你的一厢情愿，他并不会知道你的这些感同身受，你感动的也只有你自己而已。所以，想要让暗恋的人注意到你，唯一的方法就是直接和他交流，最好是面对面的那种。

好的爱情，会让人变得勇敢。第一步，自信。这是一个关键点，在心上人面前，不要总是纠结自己的行为有没有出错，会不会在对方心中留下不好的印象，而是多花些时间想一下怎样才能让自己更有魅力，怎样才能离对方的心近一点。如果你自己都不自信，又怎么可能让别人喜欢上你？第二步，眼神交流。“喜欢”这种情感，就算捂住了嘴巴，也会从眼睛里跑出来。交流时看着对方的眼睛，不仅是对对方的尊重，也能体现自己的真诚，说不定他看到你充满感情的眼睛，电光火石之间，就迸发出爱的火花了呢。

另外，就算真的遇到用情至深而对方又可遇不可求时，也不要傻傻地为了一个得不到的人而失去自我，这是最不值得的事。有的姑娘为了喜欢的人，放弃自己的梦想，改变自己的容貌，甚至“抛弃”亲密的朋友，最终得到的结果却并不那么美好。不仅他走了，他们也不在了。其实，你可以选择向好的方面发展——让自己变得优秀，变得更加美好。既然爱上了一个不简单的人，那么只能让自己也变得不简单。就算在你变成想要的样子后，喜欢的人还是不喜欢你，也没关系，至少喜欢现在的你的人会越来越多。这也是你的一种成长，是你给自己最好的人生礼物。

♡ 闪闪发亮的眼睛最能表达爱意

当一个人有了自己喜欢的人后，她的眼睛是发亮的，神态是跳跃的，眼神更是时刻跟随那个让她心动的人。言语可以隐藏，动作可以模仿，唯独眼神，一点点微妙的变化便可以看出你心里的波涛汹涌。

“眼睛是心灵的窗口”，除非，你的心不在对方身上。正常来看，喜欢一个人，你的眼神与他交汇的时间至少要占60%~70%。你爱不爱一个人，从你看向他的眼神就能知道。互相喜欢的两个人，眼神交流中往往有道不尽的千言万语、说不完的缱绻相思。“每当你一看向我，仿佛整个世界的花儿都开了”，这种爱情，你想不想要呢？

在现实生活中，用眼神来表达感情的方式也是多种多样的。举个例子，有个男孩对女孩一见钟情，但就是不敢直视她，偶尔视线对上，也会迅速移开。女孩这时就会想，他到底是喜欢还是不喜欢我呢？

心理学家把这种现象称为反向作用。就是用与自己意愿相反的行为或想法来进行心理防卫，避免暴露自己的真实想法。简单来说就是，“我明明心里很想看你，但是偏偏不这么做”“我明明很喜欢你，但是偏要表现得不喜欢你”。例子中的这个男孩只看一眼就故意将视线移开，其实也恰恰表明他渴望与眼前的这位异性交往，只不过心里还在自我挣扎。

有的男性在约会时眼神会一直来回飘动，坐立不安，不是翻翻手机，就是看看路人，这个时候你就要注意了，也许他正在搜索逃离的路线，这正是他不想继续交流，想要开溜的明显标志。

与之相反，在约会时两个人时不时地对视，仿佛这个地方只有他们两个一样，眼里再也放不下其他人，这种交流往往就是在互相表达爱意，它会传递出这样的一个信息："看，我一直在关注着你。"自然，也就会有相应的反馈。所以，眼神交流不仅能够提升彼此的信任感，还可以拉近你们之间的亲密关系。

相关调查显示，女性比男性更了解如何能将眼神的用处发挥得更好。柠檬在这里就教大家几个约会中运用眼神的小技巧吧。

如果女生的眼睛相对于她的脸蛋来说看起来比较显眼，就会很容易使男人产生保护的欲望。所以，画眼线、涂睫毛膏、戴美瞳，放大你的眼睛，你就会看起来更加楚楚可人。除此之外，佩戴隐形眼镜也是个不错的方法，它会让女性的眼睛看起来好像在发光，瞳孔也显得更大，自然会"格外迷人"。

当然，约会地点也是非常重要的。夕阳西下的黄昏，挑一家古老幽暗的咖啡厅；或者去效果震撼、光线偏暗的KTV，越是这种朦胧的光线，你的吸引力越是加倍增长。为了看清楚对方，你的瞳孔必须尽力扩张，这时的眼睛会比平时更大、更明亮、更富有魅力。

恋爱本身就是一件既复杂又简单的事情，你的喜怒哀乐、悲欢离合，都可以从微妙变化的眼神中真实流露出来。不过，只有眼神是不够的，男女双方的身体动作也能从不同角度反映出态度和喜恶。见面时，除了要注意你的眼神，还应该多关注自己及对方的肢体语言，从中能看出他对你的真实态度来。

初次约会，举手投足让你充满魅力

初次约会，对每个刚刚步入恋爱关系的人来说，都是既兴奋又紧张的。而这种紧张可能就在于你不知道该怎么做才能表现得大方得体。

其实，这些紧张都是多余的。因为约会就是不断地深入了解对方、完善对对方的印象的过程。人们很容易把时间浪费在担忧“和我约会的人会不会因为一些细节而不喜欢我了”这个问题上，但其实也可以提前花时间想一想，我是不是可以有一些小方法消除自己的这些担忧呢？

也就是说，约会是有小技巧的。掌握了这几个小技巧，就完全不用担心会给他留下不好的印象。

第一点，时刻保持微笑。笑容不仅有助于制造良好的第一印象，在很多时候，笑容都是最好的社交工具。和男生聊天或者吃饭的时候，尽量多展示你的笑容，笑容能够让他感受到亲切和放松，而男生对于让自己放松的人，比较容易产生好感。

人都有这么一种心理倾向，那就是会把外表的印象投射到其内涵的印象里。所以，如果一个人外表看起来亲切，那么人们大多会认为这种亲切感是由他的性格散发出来的。而且，展现笑容并不是伪装自己，如果经常笑，你会发现自己的性格也真的会变得亲切起来。

第二点，"男左女右"容易产生亲密感。在路上并排走或并排坐的时候，如果女性处于自己的右侧，很多男性会感觉更加舒服自在。人们平常的交通习惯是车辆靠右侧行驶，所以在人行道并排走的时候，男左女右也是男性应有的基本礼貌。左侧靠近车道，男性在左侧更能体现对女性的关心、呵护。而且，男性中"右撇子"的人居多，女性在自己的右手边，会让男性觉得安心。

再有就是，人有一种优先左视野的认知倾向，所以男左女右可以让男性一直出现在女性的视野中。这样一来，也会让女性感到安心，而安心感和好感是可以相互转化的，对于增进两人的感情也有一定的作用。

第三点，适当地客气一下。大多数中国人都有一个传统的思想，那就是男女约会的费用都应该由男性来负担，这也是约会的一个基本常识。不过，如果你在约会时，由始至终都摆出一副"你请客、你付钱，是天经地义的"态度，恐怕也不太会受男性的欢迎。男性主动付款是绅士的表现，但是如果你一直利用这一点的话才可怕，其实只要你有负担的能力，那么偶尔埋单也是可以的，还能把自己从被动的位置上拉出来，一定程度上可以和对方相处得更加平等和自然。

第四点，赞美对方。很多男性在日常生活中缺少被人赞美的经历，因此也很渴望受到赞美，尤其是来自女性的赞美。而当听到女性赞美自己时，很多人内心甚至会激动得不能自已。

所以在约会的时候，你可以留心观察对方的行为，发现他的优点，并不失时机地加以赞美，一定能取得很好的效果，而且，男性还会觉得你是一个细心、善解人意的姑娘。

才认识几天就表白，你们真是大错特错啦

“老师，我今年22岁，两个月前，一个大学同学向我表白了，但我感觉对他一点都不了解。我们只是加过微信好友，才聊了几天他就说喜欢我，我当时不知道该怎么处理，就删除了好友。后来我想了想，觉得他人也挺好的，又主动加回了他的好友，可是现在我们的关系一直不冷不热，我应该怎么办呢？”

上面这个例子是柠檬上个月接到的一起心理咨询个案，关于恋爱和表白。

短时间的接触、短时间的表白与被表白、短时间的拒绝与被拒绝、短时间的思维混乱，使这个女孩又想挽回那个自己并不一定有感觉的“恋爱对象”。这样的情景真是太大众化了，而其中大部分的角色扮演通常是由女孩子单独完成。

柠檬在这节就和大家一起讨论一下：短时间内被表白，你的大脑最应该思考哪些问题。当然，男性同胞们也可以通过下面的内容，了解到女生内心的真实想法，明白女生语言的真正含义，这会更有助于推进你们的恋爱进度。

很多恋爱关系的产生和确定不是因为彼此互相喜欢，而仅仅是为了拥有男女朋友这样的身份角色。

“你看，我有女朋友，你有吗？”

“你看，我男朋友给我买东西了，你有吗？”

类似这种心态的存在其实是一个很严重的问题，你们到底是因为什么决定在一起的，你有认真想过这个问题吗？

快速恋爱，快速分手。你不知道自己到底喜欢什么样的人，不喜欢什么样的人，只是在欺骗自己，让自己觉得“我喜欢他”。等下一个人出现时，你又会烦恼：“我好像更喜欢那个人的外貌、钱财、身份和性格，那现在这个呢，我好像也挺喜欢的。哎呀，我到底该选择哪一个呢？”

这种矛盾究其根源，就在于你选择恋爱的初衷就是错的，不是为了恋爱而恋爱，而是对方有什么地方吸引了你。

有社会心理学家列出了五点影响人们喜欢的因素：熟悉与邻近、相似与互补、人格品质、外貌、才能，重点看以下几点。

第一，案例中其实也有一些对应的解决办法。被表白后手足无措，可能是因为初次恋爱紧张，也可能是一贯的行为作风，遇事先逃避。但不管怎样，删除好友的做法无疑会让这段关系分分钟画上句号，最后甚至连普通朋友都没得做。更何况，当你想去挽回时，谁又能分清楚其中的主角和配角是谁呢？

不如尝试先全面了解一下他是一个怎样的人。他喜欢你，这是你的优势，你对他有什么好奇的地方，便可以通过两人不断地接触去发现。喜欢与否应该在一个熟悉的层次上选择，而不是在删除与保留的层次上选择。

第二，人们往往更喜欢那些和自己相似的人，如兴趣爱好、信念价值、社会背景等；或者两个人某些方面彼此看起来互补，对方的需求恰好是你能满足的，你的需求对方也可以尽量满足，你们可以维持关系，并有机会继续发展这段关系。

所以，表白之前，不管是男生还是女生，最好都留一个准备的时间，既是给自己，也是给对方一个缓冲和了解的余地。这样，你的表白才有更大的概率获得成功。

在经常接触的基础上互相了解，两人相识、相知。这个过程短短两三个月时间是完不成的，最起码要经过半年到一年的时间磨合，初期彼此接触对方的优点，后期当大家互相发现不好的地方时，才是你们关系如何发展的关键时刻。双方能不能互相包容？彼此愿不愿意为对方改变现有的缺点？又能不能通过引导对方改善缺点而做到互相融合。等时间差不多了，就可以慢慢去尝试向对方表白了。

这个时候表白，女生不再感到心慌，也不会这么着急地去拒绝一个不熟悉的人；男生也不会因为女生某一方面的吸引力冲动表白，而是在深思熟虑后做出决定。这种情况下的表白才是最稳定的，也才有可能获得成功。

第三章

戳破爱的谎言，
月亮是否真的代表他的心

聪明的女人，从来不对所有的事情都探究个一清二楚，因为她知道自己不可能对世事洞明。

怎么才能知道他是不是真的爱我

有朋友经常和柠檬说起她对男友的不满：“他以前大半夜都会出去给我买我最喜欢吃的炒面，可是现在他连给我洗双袜子都不肯，他是不是不爱我了？”有这样的问题，或许是因为她还没有完全明白“爱”是什么。

这个世界上最美好的事，莫过于爱与被爱。那怎样才能知道他是不是真的爱你呢？关于这个问题，很多人会说，从一个人与你交往的细节中就能判断出来。如果他真的爱你，他会知道你平时爱吃什么，了解你喜欢看什么样的电视剧，逛街时会注意你留意的东西，坐电梯会拉紧你的手，在生气的时候不会胡说八道、说些让你接受不了的话。这些日常生活中微小的细节确实给人们带来了强烈的感触，可以真实地体验到被爱或不被爱的感觉。但这样的判断方式真的可行吗？

这样的方式自有它的道理，但问题是，在每天的交往中人们会体验到无数个细节，有的细节会让人感受到不被爱，但也有很多细节能让人感受到强烈的爱，那么，应该以哪些为准呢？所以，一种方法看起来有没有道理，和是否真的可行有时候并不是一回事。其实，要想了解一个人是不是真的爱自己，仅靠感觉是不够的，首先应该清楚的是——爱，到底是什么。

柠檬在上中学的时候，并不理解有些老师严厉打击早恋的行为。那时候柠檬觉得爱情是公平的，既然已经到了情窦初开的年龄，为何不能品尝这娇艳欲滴的果实？后来毕业了，发现朋友圈里中学同学“秀恩爱”的越来越少，甚至对方有了新欢，自己心里还会留下一份心结。这时柠檬才明白：当初老师们的做法，其实是想保护学生。因为他们知道，那时经历的“爱情”并不完整，它在风中摇摇欲坠，不经意就可能坠毁破碎，伤害到自己。

美国心理学家罗伯特·斯滕伯格曾提出一个著名的爱情理论—— 爱情三角形理论。这个理论认为构成爱的要素有三种：激情、亲密和承诺。激情是爱的欲望，亲密是真诚和理解，承诺则是投入和奉献。这里要强调的是，并不是以上三种要素都齐全才能称之为爱，相反，现实生活中的情感很多都是有缺憾的。

相信大家都知道，三角形是所有二维图形中最稳固的一种，其实爱情也一样。罗伯特·斯滕伯格把稳固的爱情描述成一个三角形，其中三个角分别是亲密、激情和承诺，它们是爱情的基础，三者缺一不可。

首先是“亲密”。这是一个包含了很多意义的词语，因为对爱人的亲密可以体现在许多方面。比如对他的事情总是充满热情，也愿意与他分享你的喜怒哀乐；又比如彼此支持和理解，包容他的不完美。亲密让爱情如涓涓细流，清冽滋润、经久不息。如果没有亲密，先不管别人如何说，父母是一定不会祝福这样的爱情的，因为它的脆弱让人一眼就能望到结局。

然后是“激情”。如果深深地爱着一个人，一定会有愿意为他奋不顾身的时候吧？那种冲动就是激情，而且往往是激情带来了爱情。况且人都是会产生厌倦感，如果没有了激情，爱情里只剩下柴米油盐的烟火味，只怕那点亲密的感觉很容易就在日常生活的争吵中被磨灭掉了。想要爱情保持一如初见的激情，柠檬建议大家不要忽视每年属于你们的重要日子，至少在每年的那一天，给他一点小惊喜。聪明的女孩不会只等他来送你花束、糖果、巧克力，爱情是相互的，你也可以为他做些事，为你们的激情“保鲜”。

最后，对女孩子而言，最在意的应该就是“承诺”了吧。因为承诺代表着将自己投身于一份感情的决定和维持感情所做的努力。成熟的爱情里才会有承诺，而成熟的承诺才能带给人安全感。没有承诺的爱情仿佛儿戏，是不会有好结果的。有些女孩在年轻貌美时想要“傍大款”，甚至不惜去做“小三”。但那些富豪却往往并不打算给她们一个承诺。等时间久了，姑娘青春不再时，等待着她们的常常是被抛弃的后果。

女孩总是被说成第六感强大，对于对方是不是真的愿意给出承诺，女孩的直觉是有明确答案的。只是很多女孩在面对一份不会有结果的爱时，总是不想放手罢了。柠檬在这里要提醒大家，青春只有一次，在你最美好的年华里，是想在一棵树上吊死，还是在真正属于你的大树下悠然地荡秋千呢？没有承诺的爱情，还是早日远离了好。

可以这样说：爱情的热度来自于激情，温暖来自于亲密，结果来自于承诺。只有亲密、激情和承诺同时存在，爱情才是圆满而稳固的。

生活中，有的爱来得迅猛，不可抵挡，但是来得快，去得也快，两个人在跌宕起伏的情绪中摇摆不定，注定要相爱相杀。也有的爱，两个人彼此相互理解、相互欣赏，如细水长流般，却总感觉缺了一点激情，觉得相爱得不够热烈。

爱情三角形理论并不是说这些有缺憾的爱都不是真爱，而是说，对于感情你其实可以做得更多。这个理想的爱情模型为人们的情感生活指明了一个可以为之努力的方向，让人们在爱情中变得更好。

有时候，人们经常会误以为爱与不爱取决于对方的态度。对方爱得坚定，你就有信心；对方犹豫不决，你也会有强烈的不安全感。其实态度只是一个结果，真正影响或者决定这个结果的，是两个人相处的方式。

也就是说，会经营感情的人认为情感是可以不断积累的，他们更看重的是在每天的日常生活中，如何增进双方的感情。比如怎样的沟通可以让双方更舒服；用什么样的语言可以让两个人之间的爱意增加，而不是产生矛盾；两个人有矛盾和冲突的时候，应该以怎样的方式来应对和处理；等等。

所以，下次当你在想那个人是不是真的爱你的时候，你真正要做的不是像大侦探福尔摩斯一样，从一个个细节中寻找爱与不爱的线索和证据，而是要问自己：我是不是缺少了创造爱的能力。

十佳男友准则，这样的恋爱标准你信了吗

系列电影《大话西游》中有一句经典台词："我的意中人是一位盖世英雄，有一天他会踩着七彩祥云来娶我。"时至今日，这一句话依旧被不少女孩奉为爱情准则，甚至把它当作重要的择偶标准。

不管是受影视影响，还是受身边人的影响，人们在恋爱前都曾幻想过自己的理想伴侣是什么样的：比如身高一米八以上，温柔体贴，为人幽默，有学识，等等。每个人对自己的伴侣都会有各种各样的期待，这是很正常的。心理学家荣格就说过，每个人的内心都会存在一个期待或者认同的异性形象，就是人们通常所说的梦中情人。人们把这些期待化为标准，用在择偶或者与另一半的相处上。但你要小心，不合理的标准可能会毁掉你们的爱情。

现在网上有很多类似《十佳男友准则》《如果他没做这个，那就赶紧甩了他吧》的文章，你在看过之后是否也会或多或少做些比较，看看你的男朋友跟文中的好男友还有多少距离呢？即便你已经知道自己在他心里足够重要，你们是相爱的，但你还是会忍不住用这些标准来检验他吧？比如你看到的一条好男友标准是：当你迟到时，对方会毫无怨言地等你。当你的男朋

友没有做到这点时，你的内心活动是否就是：看，他果然对我不够好，不是一个好男友。但这样的标准，试问有多少人可以完全做到呢？也许最后的结局是他觉得你作，你觉得他不爱你，这样的标准在无形中给你们的感情挖了一个大坑。

现实的关系不止诗和远方，还有眼前的彼此，以及各种油盐酱醋茶的琐碎事，当你发觉他达不到你的要求或者标准，当你发觉骑在白马上的不是王子时，你是否应该先反思一下，你的要求标准合理吗？如何建立正确合理的标准，柠檬建议可以从以下两点出发：

第一，调整不合理要求。人们说出一句话，有时不仅是传递信息，也包含了一种试探或者期望。比如对对方提出要求，是因为知道自己内心的需求，希望对方可以满足这种需求。但你表达出来时，也应该考虑对方的立场。就像要求对方随时随地回复你的信息这个要求，大家都知道上班的时候会有各种情况出现，可能在忙，可能手机静音，可能没有注意，这时候要求对方立即回复信息就变得不现实了。换个角度想想，如果对方这样要求你，你是否能做到呢？所以你需要抛弃不合理要求，为自己的话负责，而不是让他一个人负责全部。

第二，调整自我认知。正如一张纸有正反两面，人也不可能只有优点或者缺点。所以在一段关系中，你需要客观地看待对方。不能因为对方某一方面没有达到你的标准就给他减分，判定他不是一个好男友、好老公。比如你的男朋友现在工资比较低，与网上的标准不符合，不能给你买奢侈品，但他愿意宠你、把钱花在你身上，这时你能用那些标准来判定指责他不是一个好男友吗?

标准可以设定，但不要用不合理的标准给你们的感情设置障碍。这样，你才能更加客观地看待你的男朋友，你们的感情才能更好地发展下去。

不要用攀比伤了男人的心

攀比似乎是很多女人的习惯，她们常常会拿自己跟身边的人比较，从身高、体重、化妆品到衣服、首饰、穿衣品位等，其中最常见的应该是比较男朋友或者老公了。女人一般会说这些话：“我嫂子过生日的时候我哥哥又买了个新款包包送她，可你再看看你，送了我什么？”“你看看人家小丽的老公，比你体贴多了。”“你看看你那同学现在又升职了，你怎么还是一个小经理呢？”

但是你或许并不知道，这些话对男人的伤害就好比拿着一把杀人不见血的“利器”直插入他们的心口。你可能会觉得：哪有这么夸张，我只不过是拿他和别人比较了两句而已啊。但你不知道的是，这几句抱怨的话对男人的冲击力有多大。男人最忌讳的是女人觉得他们不如其他男人，他们会认为这是女人瞧不起自己的表现，从而自尊心大受伤害。他或许不直接表达出来，但是生活中很多争端都源于此。

这时候可能很多女人会说，我拿他和其他男人比较的原因只是为了激励他，让他更有上进心，怎么就错了呢？

虽然你的初衷是好的，但是方法却是错的，你的抱怨、比较、轻视，会击垮男人的自信，撕掉他的自尊心，成为他前进路上的绊脚石。

男人希望女人认同他，而不是用比较来贬低他。

如果真的想要激励男人，不妨给予他适度的夸奖。表扬和赞美能激发人的干劲和热情，赞美可以给人一种期许，让人按照这个期许去奋起努力，这比通过责骂迫使男人上进的效果要好得多。

在生活上，男人不可避免地扮演了家庭中主心骨的角色，因此，身为妻子的你要学会在生活中给男人自信，使男人能够挺直腰板。当男人做了一餐极为简单的饭菜，不妨给他一个紧紧地拥抱，告诉他这是你吃过最开心最幸福的一餐；当男人擦了一次地板或洗了一次衣服时，试试毫不吝啬地夸奖他，告诉他自己多么幸运能够遇到他。

男人最看重的就是事业上的成功，因此你要学会在事业上给男人鼓励。在男人面对巨大选择而紧张犹豫时，你可以安慰他、鼓励他："如果是你，一定能做到的。""肯定会成功的，别担心。"这些话语会让他更加安心。在他最失望无助的时候，你一定要反复地告诉他："虽然你没有收到预期的成效，但是已经努力过，这就值得人尊重，在追求梦想的道路上没有人会一帆风顺，需要的只是继续开始的勇气，我相信你可以做到的。"这会给他继续前行的勇气。

还有些女人，喜欢用自己的男朋友与其他人比较，只是因为不满足自己的现状，羡慕他人的生活。这也是不对的，"我的老公一定要比别人强"这个观念很明显是不合理的，要适度改变自己的观念。自己的苦乐只有自己才能体会，你的幸福为什么要去和别人进行攀比呢？大富大贵是一种幸福，平平淡淡同样也是一种幸福。你无法活出别人的人生，别人也无法活出你的精彩，因此学会享受自己的幸福便已经足够。

无论是上文所说的攀比，还是夸奖，都是影响夫妻关系的重要因素：攀比会损害夫妻间的良好关系，而夸奖则会让夫妻间关系更加牢固。要知道，改变从来不晚，愿你和爱人能相濡以沫到永远。

你给男人私房钱了吗

“男人有钱就变坏”似乎是很多女人的信条，很多女人都不允许男人藏私房钱，她们把男人的工资卡、消费记录都掌握在自己手里，要清楚男人每天花了多少钱，花在哪些地方后才安心。但是这样的举动往往让男人十分苦恼，感觉自己成了“妻管严”，什么事情都要问老婆要钱，老婆不同意就没钱花，这让男人在同事朋友面前总是尴尬不已。

那么为什么女人不喜欢男人单独在外面花钱呢？一是为了经济，怕男人花钱没个轻重，大手大脚的；二是怕男人花心，有了钱，可能就会去和朋友抽烟喝酒、吃喝玩乐。但是，你要明白，对于大多数男人来说，私房钱最主要的用途是结交朋友、支付避免不了的生意应酬，这都是必不可少的社交费用。

曾经有人说过：“金钱在很大程度上可以维持一个人的尊严。”对于男人来说，这种尊严尤其重要，在现实生活中，多数已婚男性比女性有更多的社交需求，有更大的社交范围，因此与朋友聚会的机会也更多。中国人讲究礼尚往来，今天别人做东，明天你就得回请，关键时候掏不出钱来，在朋友面前是特别抬不起头的一件事，因此你要理解男人的社交需要。

并且，在当今社会中，男人除了把私房钱用来应酬，更多的是用于一些好的方面。比如以下几种用途：

第一，用于补贴父母，显示孝心关爱。好男人在照顾好自己父母的同时，还要照顾好岳父岳母，在他们看来，岳父岳母买房子急需钱的时候，除妻子有一份源自正常家庭财政的支援外，要是能从自己的私房钱中拿出一部分作为礼金就更好了；当岳父岳母过“逢五逢十”的大寿时，要是能从自己的小金库里拿出一份额外的礼物，那效果可想而知。

第二，用于调剂婚姻生活，增添浪漫情调。好男人每逢妻子过生日，或者两口子的结婚纪念日，都会想着给妻子一个惊喜。一顿浪漫的烛光晚餐再加上一份精美的礼物，总会让妻子感动开心；每逢情人节和七夕节，用自己的小金库买一束玫瑰给妻子，而这些特殊的惊喜所需要的费用如果要向妻子报备，要从家庭财政支出，浪漫的效果会大打折扣。

第三，发展自己的兴趣爱好。有的男人喜欢摄影、集邮、钓鱼等，而多数的妻子会认为，这些爱好有什么用呢？除了浪费钱、消遣时间，对家庭的实际生活并没有太大帮助，因而并不喜欢丈夫的这些爱好，男人因此很难从家庭财政中拿钱去发展自己的爱好；还有的男人喜欢投资，常常在金融方面弄一些风险投资，此时，如果丈夫使用的是自己的私房钱，可以避免妻子的不满，也会让自己的爱好得到满足。

所以，女人要正确对待男人的私房钱问题，不妨让他给自己存一点，不去强求每一笔账都要向你报备，给他自由的空间与做主的感觉。多一点信任，少一点猜疑；多一点自由，少一点控制，这样会让你的家庭生活更加和谐。

女人要学会“装傻”

人们经常可以听到周围朋友滔滔不绝数落老公的不是：今天回家晚了；昨天又和同事出去玩了；明明听到电话那端有女人的说笑声，他却说和同事在外面办事……诸如此类的事情总是会让婚姻陷入争吵与冷战中，只不过争吵过后，又有多少人能静下心来想想，为什么要这么斤斤计较呢？有没有一个两全其美的方法让女人可以活得不这么累？当然有，那就是——装傻。

柠檬这里说的“装傻”并不是要你忍气吞声，而是要你学会适度地把生活中的一些小事模糊处理，也就是换一种思维生活。事事都去计较，哪里还会有闲暇时光去做自己喜欢的事啊？不妨偶尔装装傻，给予双方一些自由的空间，不要逼得那么紧。试想一下，如果有两个女人同时摆在男人面前，一个是天天盯梢、歇斯底里的悍妇，而另一个是懂得在适当时候“装傻”的聪明女人，男人会选择谁也是显而易见的吧？

那么，什么是适当的时候呢？

当男人撒了谎时。有时老公撒了谎，大可不必刻意去揭穿他，更不要和他拼命。你可以神秘地笑笑：“我只是担心你。”言外之意是我已经知道，不打算追究。特别是有别人在场的时候，你一定要给足他面子，维护他在同事或朋友面前“高大光辉”的形象，也对你在家里教育他做了一个很好的铺垫。如果你总是毫不留情地戳破男人的谎言，不仅让他颜面尽丢，更会破坏你们之间的关系。

当发现男人藏私房钱时。如果你在整理衣柜的时候发现男人偷偷藏了私房钱，男人一回来，你便开始一顿责骂：“为什么要背着我藏私房钱，你是不是在外面有人了？”这种做法的直接后果便是吵架。当然，你也可以装作不知道，默默把钱放回原处，并告诉男人一声：“我今天帮你整理了一下衣柜，真是乱糟糟的。”透露出你发现了钱，但并不想戳穿他的意思，这样反而会让男人心里愧疚，主动向你坦白。你也可以换个角度想想：万一男人的私房钱是要给你准备生日礼物呢。男人钱包里的每一分钱你都要管，这对你们的关系来说并不是件好事。

当男人回家晚了时。如果男人回来晚了一点，你可能会像机关枪似的对他连连发问：“你今天到底去哪里了？为什么回来得这么晚？打你电话为什么不接？”但是如果你装装傻，在他回来的时候默默照料他，用充满关心和爱意的语气娇嗔道：“你今天怎么回来这么晚呀，也不接我电话，我在家很担心你。”“下次有事记得提前给我打个电话，这样我也能放心。”这样的轻声细语反而会让他心疼你，愧疚自己让你等了这么久，你们的感情也会因此更加和谐。

总而言之，装傻中最重要的原则就是“大事讲原则，小事须装傻”。聪明的女人，从来不对所有的事情都探究个一清二楚，因为她知道自己不可能对世事洞明，把一切看得太清楚不仅会伤了自己的眼，还会累了自己的心，更会连累到婚姻和生活。因此，只要婚姻不偏离正常的轨道，对于一些小事，装装傻又有何不可呢？如果你还没有试过对爱人装傻，不妨从现在开始尝试一下，说不定你会爱上这种“装傻”的生活方式哦！

♡ 对男人来说，尊重比爱更重要

提到尊重，想必大家都不陌生，谁都渴望被尊重、被肯定，在两个人的亲密关系中亦是如此。曾有调查指出，大部分男人在与女人发生冲突时，首先气愤的是自己没受到尊重，而不是吵架的最初原因。也就是说，在某种程度上，对于男人来说，尊重可能是先于爱存在的。

那么，怎样才算尊重对方呢？

首先，在两个人的世界里尊重他。在和他的交流过程中互相理解，不管什么时候，耐心听完他的讲述，再结合自己的思想与他交流，精神上的尊重是最重要的，也是最深层次的尊重。尊重他、理解他、鼓励他，不要时时刻刻拿他与其他人比较。想想看，你有没有经常对他说："你看看你，×××，再看看人家，×××。"柠檬知道你也许是想通过这种比较来刺激他。但事实上，对男人来说，这是一种侮辱，是一种起反作用的变相刺激。同样的话，如果他对你说，你觉得你会用什么样的心态来回应呢？有一句话说得好，"己所不欲，勿施于人"。与其用刻薄的言语打压他，不如先尊重他，赞赏他的长处，善意地指出他的短处。"没出息"和"你加油"，你觉得哪句话更能给他力量，让他去改变自我呢？

其次，在他的朋友圈里尊重他。男人骨子中总藏着一个男孩，一群“男孩”聚在一起的时候，难免会喜欢互相吹吹牛、开开玩笑，不要觉得他这是“没个正形”而随便摆脸色给他看，或者在他和朋友疯闹的时候冷漠地打断他们，这种时候要适当给他一些面子。但是柠檬也要提醒你，尊重他的朋友圈不代表他做什么你都要忍受，一些原则性的问题，比如他有没有说谎等还是要坚守的，任何尊重都要建立在不触碰底线的基础上，这一点非常重要。

最后，尊重他的原生家庭也很重要。学会孝顺他的父母、友善对待他的亲戚，也是尊重他的表现。一个真正有责任感的男人，一定无法忍受自己的爱人在他面前批评他的父母，或者做出任何不尊重的举动。想想看，你肯定希望你的父母经常得到女婿的问候，希望从你的爱人那里得到赞赏父母的话语，希望父母和女婿相处融洽。所以，像对待你的父母那样对他的父母吧，让他感受到你的尊重和爱，相信他也会同样尊重和爱你的父母。

希望以上内容能对你有所帮助，爱情的消退有时并不是因为激情淡去，更多是因为你们之间的相处出了问题。在婚姻和爱情中，尊重和爱一样重要，一句不够尊重的言语可能会让你们的感情从此蒙上阴影。

对女人来说，亲近比尊重更重要

前文柠檬和大家探讨过，对于男人来说“尊重也许比爱更重要”，这一节柠檬则想继续分析这个问题，对于女人来说什么更重要，还是尊重吗?

在开始之前，柠檬想先讲个故事。

柠檬有个闺蜜，她老公的一位高中同学出差到他的城市，给他打来电话，她老公非常高兴地邀请老同学周末到家中做客，并在晚上回家后把这件事告诉了闺蜜。男人觉得他做得没什么问题，没想到闺蜜却对此十分不开心，埋怨男人没有事先同自己商量。“你为什么不告诉你朋友，你得先跟你的妻子说一声？”“我怎么能说我必须先征得妻子的同意！”这里矛盾就出现了，在男人看来，与妻子商量就意味着他没有独立行事的自由，没有得到尊重，可女人往往会很乐意说：“我得先和我丈夫商量一下。”在她看来这是她与丈夫亲密的表现。

这就是**对于女人来说更重要的第一点——亲近**。

女人总希望与另一半保持彼此亲近的关系，并努力维护这种亲密的关系。想想看，女人是不是比男人更喜欢手挽手之类的亲密动作呢？女性更喜欢从肢体语言上表达情感，希望与对方通过身体连接来表达亲密和友好。因为女性天生比男性更缺乏安全感，女性的感官比男性也更敏锐，尤其是触觉，而更多的身体接触可以满足其内心安全感的需求，同时通过这种“零距离”的接触表现自己与对方的亲密度。

因此，在典型的婚姻关系中，女人更加倾向于“参与其中”，若男人一直“保持独立”，她便感受不到亲密，甚至开始觉得男人不爱她了。所以，在走路的时候牵着她的手、经常拥抱她、偶尔带她出去吃一次烛光晚餐、遇事和她讨论并听取她的意见……这些很简单的举动都会让女人感觉到你对她的亲密，感觉到你对她的爱。

女人更为在意的第二点是倾听。当女人遇到难题无法解决，向男人倾诉时，大部分男人会选择直接告诉她解决方案，但其实女人真正需要的是男人的关心和体贴。这时候女人要的是男人的倾听，而不是冷冰冰的答案。因此，当妻子想要和你沟通、诉说的时候，在条件允许的情况下，专注耐心地倾听她的烦恼吧。

你的聚精会神、你的感同身受，可以让她卸下心灵的包袱，使她说出不开心的事情，也能一扫当天的晦气，体验到难得的满足感。

第三点，也是最重要的一点，就是男人的忠诚。几乎每个人的爱情中都发生过这样的情况，女人不停地问对方：“你爱我有多深？当我变老了、不漂亮了，你还会爱我吗？如果我残废了呢？如果我得了老年痴呆呢？”很多男人都无法理解女人为什么会如此频繁地追问，其实她是想通过你的保证来确定你的忠诚，通过不断索要的承诺来抚平自己内心的不安感。

男人每个月也有“那几天”

柠檬有位男性朋友，在和妻子闹了别扭之后想哄哄她，向她认错，于是开玩笑地对妻子说：“别生气了，你就当我是在每个月的‘那几天’里吧。”大家听了这话，反应可能像他的妻子一样，觉得他是想用幽默糊弄过去。但其实他说的有一定道理，也许他正是因为在“那几天”里，才会控制不好自己的情绪和妻子闹别扭的。

日常生活中，人们往往只知道女性在月经期间脾气容易波动，也就是俗称的每个月的“那几天”。其实早在 20 世纪初就有心理学家经过长期临床观察发现，人体生物节律存在着情绪周期。这个周期不分男女，在每个人身上都是普遍存在的。科学研究表明，人的情绪周期与生俱来。从出生的那一天开始，一般 28 天为一个周期，周而复始。每个周期的前一半时间为“高潮期”，后一半时间为“低潮期”。在高潮与低潮之间，即由高潮向低潮或由低潮向高潮过渡的时间，称为“临界期”，一般是 2 ~ 3 天。临界期的特点是情绪不稳定，机体各方面的协调性能差，易发生事故。

就是说，即使男人不会固定时间来“大姨妈”，但他会有

情绪上的“大姨夫”。如果你发现自己的伴侣最近情绪不佳，对你不那么体贴了，先别发火。不如也理解一下男士们的情绪周期，这样就可以更好地经营你们的爱情了。在男性身上，情绪周期一般呈现这种规律：他会对你由亲密变成疏远，过一段时间又变得亲密。具体地说，就是一般情况下他对你是爱意绵绵、无微不至的。但是在某些时候，他突然会显得烦躁不安，对你不再那么有耐心，有时候甚至故意疏远你，比如借打游戏的名号不回你的消息，等等。

这个时候你就会生气，会怀疑他是不是变了心。这也是你和他最容易发生冲突的时候。但是如果你按下脾气，沉稳等待，不和他争辩吵闹，等一段时间以后，他又会恢复到以前的状态，再次对你亲热起来。这个变化的过程就是他的情绪周期在作祟。

了解了情绪周期后，当他出现这种情况时，你就知道，这对他来说只是一种正常的周期现象，也就不会无谓地发脾气了。每当这个时候，懂得经营爱情的你就可以展现自己“温柔贤淑”的一面，体贴他波动的情绪，让他感受到你的温柔和支持。比如在他心情不好、莫名其妙地发火时，忍住心里想要驳回他的怒气，反而温言相劝、表示理解。或者你可以做一些平常由他来做的事情，帮他多分担一点压力。哪怕是小的举动，都能改善他心情波动带来的烦躁，甚至能增进你们的感情。

当然了，男性更应当体谅家里“领导”的情绪周期，互相关怀，日子才能越过越有意义。

你所不能理解的男人那些事

女人们聚在一起聊天，最喜欢谈的便是自家的男人，什么我家男人回家就乱扔衣服，我家那口子就会说教，逛街才半小时就黑脸嫌烦，等等。这些事情最能让身边的姐妹们点头称赞了，仿佛说的就是自家那个“死鬼”。

柠檬看过一篇小故事，里面描述的情况让人哭笑不得，觉得很有意思。

一个女孩在日记里写她很伤心，因为和男朋友约会迟到了几分钟，对方一直对她很冷淡，不论是吃饭、看电影还是在回家的路上，男朋友都很沉默，甚至还有些心不在焉。女孩很着急，不知道要怎么办，想要和他好好谈谈，但他只是说“没事”“不关你的事”“你不用管”。就连女孩平时睡前的表白也没有得到回应，她有点不敢再问，想了很久也不知道哪里出了问题。

这时，文章转到了男孩的日记，里面只有简单的一句话：TMD，今天意大利竟然输了！

看到这儿，相信不少人都会会心一笑，还有些人可能开始思考自己是不是也经历过这种事。因为男女思维的差异，很多时候女生细腻、敏感的想法，男生不能想象和理解，或许还觉得纳闷：她怎么能想得这么多！

但对女生来说，关注自己和爱人的情绪、想法是很自然的事。她会注意他今天是不是开心，有没有遇到烦心事，对自己的态度怎么样。还会考虑自己会不会让他烦躁，他做每件事的原因，甚至会因为一件小事考虑到未来的相处融洽问题，等等。

但是，生活并不是一个人的独角戏，如果仅仅是自己在思考、烦恼，而对方根本不懂，甚至厌烦，你还会觉得无所谓吗？相信即使是条件再好的爱人，不懂你，你仍然会觉得孤单、缺少陪伴。

男人身上到底为什么会有这么多不能让女生理解的地方呢？接下来柠檬通过讲述几个常见的“你所不能理解的男人那些事”，让你更加了解另一半。

第一个：为什么男人喜欢说教？

很多女人都会抱怨自己的另一半经常对自己说教：对他说任何事他都喜欢给建议，告诉你解决的方法，而不管女人是否真的需要这些。可能她只想聊聊在公司发生的事情，谈谈麻烦的上司同事，发泄一下自己的情绪，而他却总是喜欢告诉她该怎么做和怎么说话，这会让女人更加不开心。

产生这样结果的原因有二：

第一个原因是从进化心理学的角度来看，解决问题是男人从古至今的强项，于是男人喜欢卖弄，喜欢向别人展示这种能力；第二个原因是男女思维的差异，很多时候，女人向男人讲述一件事情的主要目的是为了倾诉，她们要的不是答案，也不是解决办法，而是男人的体贴与安慰。而男人却不这样觉得，他会认为女人倾诉遇到的问题，是为了寻求他的帮助，因此便告诉她该怎么解决。这是他爱妻子、关心妻子的表现，而恰恰他的说教会让女人误以为这是他不愿意听她说话。这或许是两性间最糟糕的误会之一了。

第二个：为什么男人不喜欢逛街?

对女人来说，逛街是一种缓解压力的方式，有什么不开心的，约上几个朋友一起吃吃饭、逛逛街，顿时心情便愉快起来。但是对男人来说，逛街却是一种巨大的压力。从进化心理学的角度看，原始时期的男人是猎人，他们养成了视线直接锁定目标的能力，而在购物时，他们的视线需要不停地穿梭在人群与物品之间，很难直接找到目标，这让他们十分不自在。因此男人更喜欢有目的性地快速购物，而不喜欢漫无目的地逛街。如果可以，或许男人巴不得永远不去商场。

并且，女人与男人逛街的目的不同。逛街只是女人放松自己的一种方式，女人喜欢花上一整天的时间随意乱逛，即使最后毫无收获，她们仍会觉得这天过得很充实。而男人逛街的主要目的是购买自己需要的物品。在男人看来，如果没有目的地、没有清楚的目标或时间限制，最后两手空空地回家，这是很失败的事。所以男人会很惊讶于女人居然可以逛一天商场，最后却毫无收获。

第三个：为什么男人总有些令人讨厌的坏习惯？

不管在哪个国家，都有女人抱怨男人有让人无法接受的习惯，比如体臭、不讲卫生等。但是说实话，无论是男人还是女人都会有些坏习惯，只是男人不注重细节、隐私。男人更容易接受和容忍女人的坏习惯，而在注意细节的女人看来，男人的这些习惯是难以容忍的，必须改掉。女人或许很多次都因为男人的坏习惯而与他进行交涉，但男人总是敷衍了事，因为他们并不认为自己这些是坏习惯。在男人眼里，这些并不算什么大事，谁不放屁、不打嗝呢，不就是邋遢了点吗。并且男人认为在家就要足够放松，不必端着掖着，他们会觉得如果在自己家里都不能让自己完全放松，那待在家里还有什么意思。

第四个：为什么男人不喜欢听女人的意见？

男人都喜欢给人意见，但是似乎不那么喜欢听别人给他意见，特别是女人的意见。如果女人在男人没问的情况下主动提供意见，男人就会认为女人觉得他无能，觉得他没办法解决自己的问题。而对男人来说，主动去问别人的意见也是件羞耻的事情，是软弱的表现，自己的问题应该自己解决，为此男人很少向他人谈起他的苦恼。

看完了上面的解释，你大概能够了解些男人的心理了吧。在以后和你爱的人交往过程中，多从他的角度看待问题，多理解他的心理。这样，你们的感情就会更加稳固和亲密。

男人为什么会对你说谎

很多人都说女人对待感情是最敏感的，男人不管有什么风吹草动，女人都能立刻发现。那么，为什么女人会比男人对待感情更敏感呢，柠檬认为主要有以下几个原因。

第一个原因是女人的感情直觉。女人的直觉十分敏锐，在这方面的能力也优于男人。男人想要了解一件事情的真相时，往往会进行逻辑性的推理，他们喜欢用理性的思维推测事情真相，于是经常会说出“你这样做是不符合道理的”这种话来。而女人则恰恰相反，女人不太重视此事是否合乎情理，而是非常相信自己脑海中闪现的印象，女人比男人更注重细节，这些小细节对于她们来说是一种特殊的信号，能够引起她们的反应，比方说她们能记住某人穿某件衣服，系某条领带，甚至鞋子的颜色等。当女人怀疑某件事情时，往往是因为对方的声调、眼神、表情等细节向她传递出了某种不自然的信号。

第二个原因是女人的危机意识。从进化心理学的角度来看，女人对男人说谎的危机意识非常强，这是女人为了维系自己的感情和生活进化出来的能力，对女人来说，一个好的丈夫十分重要，女人为了家庭要付出很多，比如为了孩子放弃自己的事业，为了照顾丈夫而学习做饭等。正是由于女人在家庭中付出的比男人多很多，所以她们会更在乎这段关系，会害怕丈夫离开自己。为了维持这个家庭，防止丈夫出现背叛行为，女人会逐渐“进化出”敏锐观察丈夫细微变化的能力，不论是丈夫一个不同寻常的小动作，还是说话语调的改变，女人都能敏锐地捕捉到。

在知道男人说谎后，女人该怎么做呢，立即戳穿男人的谎言吗？并不是，在男人说谎时就立即戳穿他并非是最好的处理方法，你的正面进攻、不停逼问，反而会让男人的愧疚感消失，甚至逐渐觉得厌烦。

在和他对峙之前，你要先考虑清楚两个问题。第一个问题：男人为什么说谎？很多男人说谎是因为“怕麻烦”，他们厌烦或者难以接受女人因为鸡毛蒜皮的事情限制他们的自主与自由。男人大都没有耐心，也不擅长和女人在他们觉得没有必要的事上周旋，于是，恰当地说谎是他们认为最直接或最简单的应对方法。这是男人的“共性”，你要理解男人的这种心理，不要把男人的谎言想得很复杂，不要觉得他说谎是不信任你、不爱你了，其实事情并没有你想象得那么严重。但是，如果男人的谎言触及了你的底线，而不是那些鸡毛蒜皮的小事时，比如隐瞒婚史、有出轨行为等，你就需要好好考虑你们的未来了。

第二个问题：他是一贯喜欢说谎，还是偶尔说谎？世界上没有绝对不说谎的人。如果男人只是偶尔说谎，并且所说的谎言也不是什么大的事情，你何不装个糊涂呢？有时候，什么事情都清楚反而会让自己活得更辛苦，况且夫妻生活在一起是一个既美好又复杂的过程，有时需要善意的谎言来润滑彼此的关系，谎言的存在是有一定必要性的。但如果他是那种一贯喜欢说谎的男人，就不值得你继续相信了。

♡ 我对他这么好，他怎么感受不到

柠檬总是听到一些女孩子说："我明明对他那么好，为他付出了那么多，他怎么就感受不到呢？"

是啊，你总是给他"你想给的"，但不是"他想要的"，你总是把香蕉给一个喜欢苹果的人，他又怎么会重视你呢？

也许你并没有意识到，你给他的是自己想给的、自己需要的东西。一般来说，你的需求代表了你的喜好和渴望，并体现在生活的方方面面。比如你想减肥或瘦身，所以家里的一日三餐成了煮鸡肉配蔬菜沙拉；比如你想吃水果，买了一大堆自己喜欢的回来……在满足了自己需求的同时，你有没有考虑到他是否也有同样的需求呢？如果他并不想吃健康餐，水果也不是他喜欢的种类，那么，你在满足自己需求的同时，可以另做一份饭给他，买一些他喜欢的水果，这样你们的需求都可以得到满足，他也就会感受到你对他的爱意了。

另外，一般情况下男人的需求往往不像女人那样物质化。作为男人，他们在外拥有社会地位，在家也想得到另一半的鼓励与尊重，你对他表现出的夸奖与崇拜会让他充满自信与干劲，会想为家庭做更多的奉献，而你对他表现出的信任也会让他感到满足与幸福。所以，对另一半的付出不一定非要是物质的，有时候口头说的话也能起到事半功倍的效果。适当地肯定他对家庭的付出，对他在外工作表现出信任，等等，都算得上是不错的付出。

现实中，每个男人的需求都是不同的，你可以通过以下三个方法来了解：第一，在日常生活中观察他的喜好，比如他喜欢的食物、服饰，以及热爱的运动与兴趣；第二，倾听他的内心，两个人在一起时总会有很多悄悄话，你可以从他话语中了解他的需求，比如他说晕机又要被外派出差，你就可以在他出发前给他准备一些晕机药；第三，通过尝试错误来明白需求，比如你今天做了一道菜，他似乎不是很喜欢，那你下次就不要再做同样的菜了。

同时，还有两个方面需要注意：

第一，请不要过度地付出。你以为完全的付出会体现出你爱他爱得深切，殊不知你过多的付出可能会成为他心中的重担，压得他喘不过气来；或是容易让他当成习惯，忽视你的付出。两个人之间的付出应该达到一种平衡，在平常的节假日，或者你们的纪念日、生日等时间点，都是对另一半付出的最佳契机，这时候的特殊对待也显得更合情合理。另外在日常生活中你满足自己需求的同时，顺便也满足了他的需求，这也是可取的。

第二，有些时候，不付出也是一种付出。对另一半来说，你对他的付出表现出的感激之情，对他来说便是最好的回报。偶尔一次你收到了他精心准备的惊喜，先不用在心里盘算该回报他什么，在那一刻你只需要认认真真地听他讲话，用心去感受他给你准备的一切就好，而你的享受与感动便是你给他的最好的回报，让他觉得做这一切都是值得的。

不要再为他无视你的付出而苦恼，当你真正意识到自己给的只是“自己想给的”，而不是“他想要的”，然后学着做到以上几个方面的内容后，相信你们会成为“你吃苹果我吃香蕉”的充满和谐与爱的完美家庭。

之前都是装的，在一起后他变了

最近，柠檬的一个朋友老是抱怨，说她和男朋友在一起后，就觉得她男朋友变了。问其原因，就是觉得她男朋友舍不得花钱，让她感觉不到对方是爱她的。柠檬便问她："你们在一起前，他舍得花钱吗？"朋友想了一下，说"好像花钱也少"。柠檬接着问："他还是一样不爱花钱，那你当初可以接受他，现在为什么觉得他变了呢？"朋友没有说话。其实答案很简单，对方没有变，只是你的需求在相处过程中发生改变。当对方无法满足你的需求时，你就会觉得对方变了。

马斯洛的需求层次理论把人的需要分为五个层次。这五个层次由低到高逐渐形成，并逐渐得到满足。当较低层次的需求得到满足后，较高层次的需求才会被触发。这时，已经满足的需求就会退居次要的地位，无法成为行为的推动力了。就像柠檬的这位朋友，她的男朋友因为受家庭环境的影响，一直在花钱方面比较节省，舍不得给自己买什么，但对女朋友还是可以的，时不时买一些小礼物。柠檬的朋友当时选择他是被他的性格吸引，他总是能在一群人中很快和大家混熟，这种个性让她觉得他很有魅力，所以选择接受他的追求。虽然他舍不得花钱，但没关系啊，她并不缺什么，而且自己也可以给自己买，所以当时这一方面并没有成为她的困扰。但时间久了，她的需求开始渐渐变为经济的需求，希望对方能够给自己买东西、舍得为自己花钱，才能证明对方是爱自己的。现在这一需求没有被满足，自然就容易产生矛盾。

引发伴侣之间发生心理冲突的一个因素就是需求不满，心理学中也有相关的总结，主要表现在这几个方面：一、自我价值得不到对方承认，自尊心受损。比如对方帮忙做家务，你却嫌对方做得不干净，并说“就知道你不行”，这会让对方很受挫；二、一方或者双方在性方面的需要得不到满足；三、一方或者双方正当的感情需要，如温存和体贴的需要得不到满足；四、经济需求得不到正常满足。比如因为种种原因支出过多、入不敷出，或者过于奢侈，正常生活没有保障，一方或双方没有经济来源等；五、在休闲、爱好等方面，双方的需要与兴趣的差别太大。

两个人关系的稳定性取决于需要是否得到满足。如果你们觉得相处过程中彼此的需要都得到了满足，不会觉得两个人关系变得疏离或者有孤寂的感觉，往往这种关系就容易稳定。相反，如果双方中有任何一方觉得需求不被满足，就容易产生负面情绪，继而爆发争吵矛盾。所以，当你处于对对方不满的情况下，你可以先思考一下是否某方面的需要没有被满足才会产生不满。当你知道自己要什么后，就可以和对方好好沟通，这会比没有目的的争吵更有效果哦！

因为我爱你，所以你要爱我

恋爱中的人都是盲目的，很多人一不小心就会走入这样一个误区——“我对你怎么样，你就必须对我怎么样”，如果觉得对方不像你爱他那样爱你，便会生气不满。

但是你仔细想想，你的想法会不会有点不合理呢？“因为我爱你，所以你也应该回报我同等的爱意”“因为我对你好，所以你也应该对我好”，这样是不是太霸道了呢？

柠檬曾经有个朋友，她和男朋友在一起三年了，她非常喜欢这个男生，为了给他过生日，她翘课去他的城市；为了这个男生，她放弃了和闺蜜一起吃饭逛街，放弃了上课学习，只为了能有更多时间见到他。但是很多时候她不开心，因为她觉得他没有那么爱她，他不会特地来陪她过生日，不会为了陪她而放弃游戏。她觉得：“我对你这么好，付出了这么多，为什么你就不能同样对我呢？”她的不快乐是因为她的想法是错误的，爱情里不存在“我对你怎么样，你就必须对我怎么样”的说法。一旦你的想法变为“我怎么对你，你就要怎么对我”，你所谓的爱情便成为一种要挟，一种利益的交换，你只是想要付出得到同等的回报，而不是纯粹地爱他。

有些女生失恋后变得特别颓废，觉得丧失了生活的乐趣，很大一部分原因就是她把她的爱、她的悲欢都强加到那个人身上。她认为既然他得到了我的爱，就应该好好对待我，而不应该抛弃我。这同样也是错误的想法在作祟，心理学中把这些错误的想法称为“不合理信念”，即个体内心中不现实的、不合逻辑的、站不住脚的想法。它可以左右人们的思想情绪，干扰正常的生活质量。

那么什么叫“合理的信念”呢？心理学家说，相应的合理信念是对生活充满“理解”和“弹性”的信念。“理解”是指对现实世界的多种可能性再多一些理解，能够明白真实的世界和生活，并不只存在一种逻辑。生活不像数理化只有一个标准答案，而是有许多不同的答案，每个人的答案或许都不同。如果恋人吵架了，你可能觉得“他对我生气，就是不喜欢我了”，这是不合理的信念；而合理的信念是，他对我生气，可能是因为当时他心情不好，或者我做得有点过分了，我不能因为这么一件事情就马上否定他。

什么叫“弹性”？就是要意识到即使事情的发展不如自己期望的那样顺利，出现的冲突也是可以调和的。而不是一出现问题了，就认为一切都糟糕至极、无法挽救。比如你一生气就闹别扭、闹分手，觉得两个人走不下去了，这是不对的。你要认识到矛盾是可以调和的，任何事情都会有挫折和矛盾，你要做的是去解决，而不是觉得无法挽回后就轻易选择放弃。

你对生活的信念决定了你对世界的感受，而不合理的信念常常会带来消极负面的情绪反应，所以你要剔除内心的不合理信念，树立起合理的生活信念。

第四章

被爱情的甜蜜砸晕，你还能保持清醒吗

女人天生有两大治服男人的武器：一个是眼泪，一个是撒娇。两者都可以轻易地让男人对你举手投降。

不想跟你说话，让我一个人待一会儿

许多情侣在恋爱中出现了矛盾，倾向于用冷战的方式解决。被冷战的人面对沉默的爱人无可奈何，发起冷战的人则把自己裹进骄傲的外壳里憋出内伤。冷战中的人究竟在想什么？怎样打破冷战中的僵局？在这一节，就请各位随柠檬走进冷战者的内心吧。

大部分喜欢直截了当沟通的人对冷战简直无法忍受，冷战者对矛盾的冷处理比唇枪舌剑的争吵更让他们窝火。这种分歧的最大根源，是两种人与外界互动的模式不同。

不爱冷战的人是积极主动者，他们的特点是通过与外界的互动来获得能量，就像一块太阳能电池板，对他们来说，表达情绪和索取回应的过程就是他们从外界获取能量的过程，也是他们解决矛盾的过程。

而冷战者则在内心自备蓄电池，喜欢一个人从平静中获得能量。在这种性格的支配下，冷战者的情绪表达程度会比主动积极者弱，并且会极力避免冲突，从而在强烈的情绪表达后陷入一种电量耗尽，什么也不想说，只想自己一个人待着的状态。

这个时候，如果对方依然不断采取行动来表达情绪和索取回应，冷战者就慌了：我已经要没电了，你怎么还来？！啊，我不管你了，让我一个人静一会儿！

此时，冷战者已经没有处理信息的能力了，也就是主动积极者眼中半死不活的冷漠状态，主动积极者得不到回应，矛盾被再次激化，冷战也就正式开始了。

除了性格因素，爱情中的小心思也是冷战的催化剂。首先，在一方觉得自己受了委屈之后，对方没有对自己的难过表达理解和安抚，就一气之下不理对方，想让对方也体验一下被忽视的感觉。

心理学家研究表明，在亲密关系中，权力不平衡的确存在，谁依赖对方一些，在感情中付出的就会更多一些。冷战中的双方会觉得如果对方爱自己，就会先结束冷战。冷战，就变成了一场情侣关系中的地位争夺战。为了赢得自己的地位，就算自己憋出内伤，也绝不服软。

冷战中，如果不是一气之下直接分手，总有人要先开口和解。虽然最后问题可能得到了解决，但冷战过程中双方受到的伤害是无法抹去的。因此，冷战是一种有害的应对冲突的方式。有过冷战经验的人就会明白，冷战是一件十分耗费能量的事情，独自咀嚼自己无处安放的愤怒、失望和期待对方回应的焦灼，都令人心力交瘁。频繁冷战会让对方觉得：和你在一起真的好累，还是分手吧。

性格特点并不是冷暴力的借口，如果真的想维持一段感情，积极主动的沟通才是成熟的人的第一选择。不要让冷战一直消耗你们的感情，两人之间积极的沟通和对话才是面对争吵时的最好选择。

动不动就吵架，根本忍不住怎么办

“老师，我和我男朋友总是动不动就吵架，可其实我根本没想跟他吵啊，就是控制不住我自己。”

“老师，我觉得自己和另一半的相处模式就是以气话为基础的，气话你来我往，不气到对方难过生气不罢休。”

……

类似的留言柠檬收到了很多，归结起来就是两个字——沟通，情侣之间的沟通。人们都知道，有效的沟通在一段感情中会起到非常重要的作用，联络感情、化解误会，继而更加珍惜彼此。

可为什么前面要加上“有效”两个字呢？因为很多时候，与另一半的沟通是一件让人极度困扰的事情，它总会偏离轨道，沟通也会在无意之中化为争吵，或是故意说气话使对方难过。然后，又会被对方回应的话气到神伤，沟通也就变了味，无效甚至起到反作用。

其实，要做到有效沟通很简单，只需注意以下两点即可。

第一点，说出你的真实感受，胜过发神经。或许你会说：

“我的真实感受都暗含在我的言语及行为之中了啊，他难道感受不到？”事实上，在你极度愤怒的时候，对方只会从中感受到你满腔的愤怒和言语之中的针对，只想着沉默或如何有力地怼回去，你隐藏其后的需要和潜台词在那一刻其实是很难让人察觉到的。

所以，不如把说话的重点放到对方所做行为给你带来的感受上，而不是只想着评论对方行为的对错。这样一方面可以极大程度上避免冲突与争吵，另一方面也有利于释放心中压抑已久的情绪，让对方明白你这一通火为何而发。

倾听与理解的同时，让他感受到你对他的关心与爱。比如，你的老公晚上有应酬却忘记提前通知你，电话短信都联系不上他，你等得很心急。等他半夜一身酒气地回到家，你上来就一通骂，使他酒意上涌，很自然地也和你争吵，结果闹得两人都不舒心。但如果你换一下方法，等他到家后先问一下他：“怎么喝这么多酒，半夜才回家，我很担心你啊。”这样的话语就会像一股暖流一样淌过他的心，让他能主动向你认错，冲突自然也可以避免了。

第二点，学会“请求”而不是要求。“你得这么做……”“你去干这个……”，情侣之间若总是出现这样的要求语句，会让另一方感觉极不舒服。因为这种语句像命令一样，毫无转圜的余地，当你换到听者的角度时就会明白，你也会感到不快。即使对方是你最亲近的人，总被支配也会让你觉得不满，争吵便极易发生了。

但如果换作请求就不一样了，多了一个“请”字，语气就不那么强硬了，反而显得自己离不开对方，需要他的帮忙，这会让对方难以拒绝。比起被要求来说，人们更乐于接受这样的请求，情侣之间以礼相待，语气温和一些，对方的感受就会舒畅很多，争吵自然也会少很多。

♡ 你知道该怎么和恋人吵架吗

两个人在一起，即使感情再好，也难免有发生矛盾、意见不一致的时候，这时争吵就不可避免了。但同是吵架，不同的人会得到截然不同的结果，有些恋人吵得感情破裂、一拍两散；而有些恋人却越吵越好，将吵架当成了感情生活的调节剂。那么，出现矛盾时要注意些什么，才可以不让吵架伤害到双方的感情呢？

任何一段令人羡慕的爱情，都会经历刺激、价值、角色这三个阶段。一开始，对方会因为外表、行为，或者性格被吸引；产生好感之后，两人开始恋爱，共同的兴趣爱好就会对维持亲密关系起到十分重要的作用；如果再进一步发展，两个人就需要互相迁就，甚至改变自己，最终达到磨合的阶段。

互相磨合，其实就是两个人在一定程度上改变自己原来性格的过程。自己从小到大一直保持的作风，突然要为了一个人而改变，自然不是能一蹴而就的事情。而且，在改变的过程中，双方不免会出现矛盾，矛盾积累越多，总有一天关系也会破裂。

这个时候，柠檬想说，如果有不满，就吵一架吧！可能有人会有疑问，吵架不是会让关系更加僵化吗？其实不然，吵架只不过是一种表达主张的方式，能让对方知道你的想法。很多人都信奉“永不吵架”，但这并不是最佳的选择，适当地“小吵”几次无伤大雅，关键还是要采取正确的“吵架方式”。

吵架过程中最重要的一点，就是既要尊重自己，也要尊重对方。但是，很多人却做不到这样，反而会以攻击性的语言对对方加以批判，比如会说“你怎么会连这个也忘记了？”“你是脑子进水了吗？”这实质上把对方放在了一种比自己低下的地位，是对对方的一种侮辱，会严重伤害对方的自尊心。

自尊心，似乎是人们平时脱口而出的一个概念，但可能不是每个人都理解它到底在说什么。自尊，是人类生命的心理起源，它可以保持一个人生命的健康发展和完满。人们都希望能够在大众面前维持一个良好的形象，而维持良好形象的内在的、深层的心理机制其实就是自尊。如果吵架时不顾对方的自尊心，就会伤害到对方最深层的内心，这大概是任何人都难以承受的。

男性的自尊心被伤害之后，为了挽回自尊，会转而把责任推卸到女性身上，并为自己辩解，同时会对女性进行批判。不仅如此，男性出于自我防卫的考虑，还会采取蔑视的态度对待女性，并期望通过蔑视女性的方式来抬高自己。如果口角进一步升级，男性说不定还会愤然离席，以沉默的方式来抗议。殊不知，这样的沉默才是破坏关系的“撒手锏”。

那么，情侣该怎么正确地吵架呢？简单来说，就是首先要告诉对方犯错的原因或者行为，然后给他分析犯错的后果和影响，最后说出自己心中的想法。

生活中遇到的琐事太多，如果因为对方忘记了你拜托他做的事情，或者说没有遵守你们之间的约定，你二话不说，不分青红皂白就是一顿臭骂，那么结果往往会演变成针锋相对的唇枪舌剑。你应该和这种不理智说再见，并换一种说话方式，比如你可以说："如果你不及时把脏衣服放进洗衣机，我就得单独再给你洗一遍，就会浪费好多水。每次看到水电费的时候，我都会大吃一惊。"虽然这么一长串的话说起来不如吵架过瘾，但是总比简单粗暴的人身攻击、只是想发泄心中的怒火要好得多。

所以，当和他发生矛盾时，你要学会控制自己的情绪、管理自己的情绪，这样可以避免恋爱关系出现硬伤。

吵架时，有时在气头上就会忘记上面教的方法，只想要对方听你说话，和你好好沟通。其实想让他听你说话并不难，柠檬建议你可以尝试做以下几点：

1. 在关系中学会倾听理解。虽然两个人都知道要在吵架时倾听对方的需求，但场景往往是这样的：老公回来抱怨工作压力大，你在打扫卫生，听到了对方的抱怨，就说"哦"，表示听见了。但对方是想要你的理解和贴心，你如果说一句"我知道你辛苦了"，他的这种需求被满足了，你再说什么，他也能去理解你。而不是说："你都不理解我，我为什么要听你的呢？"

2. 调整自己的不合理信念。为什么你会希望对方听你的话呢，无非是在你的认知里把“听我的话”等同于了“你爱我”。如果自己说什么，对方都表现得忽视或者置之不理，这时你的内心就会怀疑：他是不是不在乎我、不爱我？为什么我说什么他都不听呢？如果他是爱我的，他就应该或者必须听我的话。但这是一种绝对化的要求，每个人其实都有自己的意愿，你根本不能要求别人必须做什么。问题就在这里，你有了这种必须的要求，但它很难实现，你就会觉得难以接受或怨恨，从而容易陷入情绪困扰中。

3. 合理表达你的需求。沟通过程中，你的态度语气等都决定了别人是否听你的话。就像伴侣老是加班，你内心希望对方可以多陪陪你，但就和对方说：“你怎么老是加班？公司就那么好吗？你心里还有这个家吗？”对方听到这样的话，第一反应是“我为了这个家这么辛苦，你不理解我还指责我”，这样的结局肯定只有争吵。如果你这样说：“我知道你每天加班很辛苦，但我也希望你可以多陪陪我嘛。工作上的压力你可以和我说，我们一起分担。”这样对方会更容易接受你的说法。

想要对方听你的话，那么，增加彼此的了解，合理表达自己的需求，聪明的话术可以让你事半功倍，并完美满足双方的要求。安全稳定的爱情关系不是对方对你百依百顺，而是两个人有商有量，凡事能够好好沟通，这样的关系会更容易维护。

心理学中有一个名为“90v10”的原则，它的意思是，当你产生懊恼或难过的情绪时，其中 90% 是因为你过去的经历，而当前发生的事情只占你心情不好原因的10%。因此出现争吵时一定要注意不能扩大话题，甚至不能翻旧账。柠檬知道人在情绪激动的时候，脑中会不由自主地想起以前出现摩擦的情景，于是越说越气，越想越难过。这时候你需要暂时离开争吵的环境，暂时撤离不是逃避，而是避免互相伤害的一种方式。你可以用一些幽默的方式让自己从情绪中暂时抽离出来，“你说吧，我听你说”，避免自己太过情绪化、语无伦次，甚至翻旧账。或者你也可以限定一个争吵的时间，“好，那么我们吵20分钟，你先说，我后说”，这样两人都可以充分表达自己的想法，但又不会一个人说太长时间，说到不知道多久之前的事情上去。只要有一方保持理智，相信另一方也可以很快平静下来，双方都不再情绪化之后，这次争吵危机也就可以安然度过啦。

其次，不互相指责、不乱贴标签也很重要。想想看，吵架时你是不是老说“你总是……”“每次你都……”这样的话？其实这样的指责和标签会让你们之间的矛盾升级，对方会觉得“我只是一点小事不如你的意，你却否定了我以前对你好的所有事情”，于是感到心灰意冷。其实，你不如用一些开放式语句来代替指责，“我觉得……你看呢？”不说你，而是说“我”，多说自己的感受，少对对方下判断。说完自己的感受再给他回应、辩解的机会，而不是一吵起架就只顾着自己乱发一通脾气，然后在对方想要解释时喊叫“我不听我不听”。吵架是为了什么？肯定是为了澄清误会、解决彼此的问题，所以你们不能一直在吵，否则结果只能是伤了感情，也没有解决问题。

最后，不要忘记还有一招必杀技——身体沟通。有时候，仅仅依赖语言沟通可能无法让对方冷静下来，那么你可以尝试给他一个拥抱，或者用你们表达亲密的方式表示抚慰，身体语言总是最强有力的沟通。争吵时每个人都像一个竖起全身刺、尽力保护自己的刺猬，而两只刺猬是永远无法靠近对方的，只有一方主动伸出手让对方感受到自己的柔软，才可以感动对方。即使在充满消极情绪的冲突中，你也可以表达："我依旧爱你，我们有很多冲突，我现在很抓狂，但我依旧爱你。"

爱比冲突更重要，谁都不喜欢冲突、不喜欢争吵，虽然你现在心情也很不好，但这些都比不上两人之间的感情。两个人相遇不容易，相守更不容易，遇到矛盾时最重要的是学会包容，找到一个大家都能接受的方式去解决问题。谁都有自己的个性，但相爱需要宽容、需要理解，这样才能走得更长久。

没事儿撒点小娇，男人会更爱你

女人天生有两大治服男人的武器：一个是眼泪，一个是撒娇。两者都可以轻易地让男人对你举手投降。女人的撒娇总是笑声中略带娇羞，娇羞中略带怒目，怒目中自然有着难以抗拒的言语，你可以试想这样一个画面：一个女人对着你甜甜地娇嗔，用她的双手轻轻晃着你的胳膊，忽闪忽闪的大眼睛直勾勾地望着你，仿佛在她的眼里只有你的存在，这样的撒娇怎么会不让你动心？

撒娇的女人总是更惹人心疼，原因无非在于男人的满足感和控制欲。你的撒娇满足了他内心的大男子主义，他会觉得：我就是她的天，她需要我，她依赖我。每个男人其实都是享受女人的撒娇的，虽然他们总是会讲“你啊，怎么这么大了还喜欢撒娇呢”，但是这种无奈其实恰恰表现了他们对你撒娇的喜爱。所以，当你和他在为某件事情争论时，不妨撒个娇来化解火药味，“你就不能让着我一下嘛，我不和你玩了，生气了”，然后嘟着嘴向他撒一下娇，也许，他原本准备好的满满的大道理就只剩下对你的宠溺与无奈了。“亲爱的，别生气了，是我错了好不好，你就原谅我嘛。”这种适当的退让会令他觉得一下子就不好意思再发火了，转而变成对你的心疼。

既然撒娇的作用这么明显，那么女孩子什么时候该撒娇，什么时候不该撒娇，又该怎么撒娇呢？接下来柠檬就来说说撒娇需要注意的几个原则。

第一，偶尔的撒娇是情趣，而不断的撒娇则是娇气。你不能一直跟对方撒娇，要学会见好就收，你对他的撒娇无非是想让他用行动或言语来重视你，但如果他已经有所表示了，那么你应该见好就收了，若太过分，只会让他认为你难伺候，过于矫情，久而久之，他便会对你的撒娇感到厌倦和疲惫。

第二，撒娇要分场合，不是所有的情况都适合撒娇。恋人之间的撒娇本就是两人私底下的情趣，但是在一些比较正式的场合，比如男朋友带你参加公司的周年晚会或饭局，碰到生意伙伴、上司时，你就应该表现得大方得体，而不是唯唯诺诺，靠撒娇吸引注意。在那种场合下，你的撒娇在他看来不是可爱，而是尴尬和反感。

第三，不是所有的撒娇都能得到好的回应。有时候可能你对对方的撒娇，得到的反应会是“你烦不烦啊”。万一遇到这种情况，千万不要觉得他是在与你开玩笑，然后继续无理取闹，而要快速整理好自己的情绪，及时判断现状，让自己的语气不卑不亢，这样的表现更能让对方学会尊重你。

有句话说得好：“爱撒娇不如会撒娇。”很多女人认为，撒娇只要将声线拉高八度，拖长尾音就可以了，但其实撒娇是非常有学问的，它有着不同的技巧和方法，只有会撒娇，才能真正感受到撒娇带来的感情升温。所以，做一个会撒娇的女人吧，你会感受到来自男人那里更多的善意和喜爱。

如何面对消息不回、电话不接的爱人

你是不是也遇到过这种情况：与男朋友产生矛盾后，他摔门就走，消息不回，电话不接，整个人处于杳无音信的状态，独留你一人生气、伤心。你在猜测他的态度中不断慌张和担心，想象解决问题的各种办法，甚至没法集中精神上班和社交，而他在离开你之后吃喝照常、娱乐依旧，试图用冷暴力将你征服，平息这场矛盾。

很多情况下，冷暴力的解决都是在不知不觉中进行的，大多数人也愿意选择原谅和忽视。可回想冷暴力当时的情况，似乎谁也不愿意承受第二次，但又不知道该怎么化解和预防。现在柠檬就带大家来了解一下，不要让一次次的冷暴力消耗光你们的感情。

第一种，男生怀着与你分手的心思对你爱答不理，采取冷暴力。这时候你可以联系前因后果，试着想想原因。比如你的对象处于感情空窗期时选择与你在一起，那么他的目的多半是想要打发时间，而现在也许出现了另一个更好的人选，他自然不愿意再耗费时间精力在你身上，但又想维持自己好男人的形象，不想承担道德及心理上的谴责，害怕被扣上“渣男”的帽子，所以就想用冷暴力逼你自行离开。

如果是这种情况，女生最好的选择就是分手，也许你会说：“这不是正合他的意了吗？”没错，主动分手的确顺了他的意思，但这更多是为了对你自己的人生负责。直接跟他分手，不要问多余的原因，不爱了就是不爱了。删除联系方式的同时也丢掉跟他所有的回忆，杜绝自己再去联系、想象和他有关的一切。

第二种，若平时的你对男朋友总是抱怨连连。抱怨他放生病的你一人在家，抱怨他不如人家男朋友那样浪漫，甚至还会在抱怨中夹杂挖苦与讽刺他的意味，那男生使用冷暴力的起因可能就是你自己的问题了。他可能是一时之间无法忍受这样多的抱怨，情绪上来了也不愿意说，冷暴力就被挑中释放出来了。

面对这种情况，你需要认真反省一下自己，是不是平时对男友太苛刻，过于无理取闹，没有给他解释的机会，也没有站在他的角度考虑过问题。反省之后，将自己意识到的问题反馈给他，并且向他真诚地道歉，保证在以后的生活中进行改正，矛盾自然而然就会化解掉。

第三种，两个人在一起时间长了，总会有一段疲倦期。在这个时期，双方激情褪去，有时相视却默默无言。这时最好的方法自然是互相理解与疏导，不要把这个时期当作洪水猛兽。两个人可以试着分开一段时间，给足对方私人空间，可以重新回到各自的朋友圈，可以回家多陪陪自己的父母，在分开的日子里偶尔通个电话，叙述思念之情，聊聊双方的优缺点，在心灵上更近一步，切忌胡思乱想引发更多的矛盾，等这个时期过了，双方自然又会是幸福依旧的状态了。

第四种，是最平常的一种冷暴力，也就是文章开头的例子，两人因意见不合而爆发的冷战。这种情况下沟通与交流是必不可少的，但直接谈论矛盾往往不会有好的效果，不如选择两个人共同关注的话题作为切入点，一步一步地化解矛盾。还有一种方式就是吵一架，一起将不满发泄出来，虽然和睦很重要，但是有些时候，人们宁愿接受难听的话，也不愿一个人面对对方的冷淡胡思乱想。

吵架不能过夜，冷暴力拖久了，没有一个人愿意主动去解决这件事时，你们的关系也就到了分手的边缘。不要等到你们的爱情被耗光，才后悔没有善待彼此，要记住：伤人不过冷暴力。

你是躲在恋人背后的人么

柠檬先给大家讲一个故事，有一个女孩乐乐，每当她自己一个人的时候，总是显得很独立，自信心也特别强，愿意在社会上广交朋友；但是当她有了一个非常爱她的男朋友后，她的独立性一下子就消失得无影无踪了，特别依赖他，不愿意再和外界有太多的交往，就想跟他在一起，完全释放自我。

可能很多人也会有这样的情况，有了男朋友之后，自己好像失去了自理能力，其实这都是人们内心那个潜在的小孩在作祟。所谓“内在小孩”，就是心理学家用来描述你我心中那个天真而脆弱的童稚自我的，尤其是小时候缺乏父爱或者母爱的人，他们心中的内在小孩更加渴望被照顾，即使生理上早已长大成人，但只要一不留神，心理就会闪电般退化成那个爱撒娇、想依赖他人的内在小孩。

但是，你有没有想过真的需要维持这种爱情的现状吗？男朋友的事业发展得很好，需要你在生活中照顾他，成为他背后的那个女人。心甘情愿的同时，你或许又开始质疑：这样能实现自己的价值吗？能够让曾经既上进又有梦想的自己活得没有遗憾吗？于是，你在这两个选择之间摇摆不定。

其实，没什么好纠结的，你为什么一定要躲在另一半的背后呢？自信独立、勇敢地成长之后，你才能配上你的爱人，成为真正能照顾另一半和家庭的女人。其实恋爱中最不可取的，就是自以为是的体贴和自欺欺人的逃避了。那么，在恋爱中该怎么树立自信呢？柠檬认为，可以从以下几个方向努力。

首先，要认识到自己身上的优点。很多不自信的姑娘，经常怀疑自己各方面的能力，她们往往认识不到自己的优点。在她们的意识中，不会有男生主动和她们搭讪，更不可能主动追求她们。她们因不自信而不解风情，因不解风情而更加封闭，最终错过了一次又一次“脱单”的机会。但是，其实每个人都有独特的优点，可能你的手很好看，或者你的眼睛很有神韵。无论你多么不自信，都要客观公正地认识自己，找出自己的优点，并勇敢地抬起头来。

认识到自己的优点之后，再次见到喜欢的人也就不要再笨手笨脚了。在灰姑娘般的童话故事中，经常会看到面对喜欢的人变得语无伦次、手足无措的情况，总是会在意中人面前因为紧张而犯迷糊，甚至在交谈中走神发愣。如果你也这样，不妨每次见面之前好好地包装一下自己，化个美美的妆，穿着最适合你的衣服见他；和他交谈时，可以试着直视他的眼睛，逼自己不去躲闪。

还有一点就是不要去臆想一些还没有发生的事情，并让自己紧张和逃避。约会前一晚，你可能会想明晚的电影，他会不会拉你的手，你又该怎么办；万一他只顾看电影，你是不是会很尴尬。当然，还有很多其他未发生的事情，不自信的姑娘常常会在发生前想出一千甚至一万个结果，甚至想到最坏的结果后选择逃避，只留下意中人在风中凌乱。其实约会没有想象中那么神圣，它只是你们增进感情的一种方式，如果你还是紧张，可以转移一下注意力，和朋友家人聊聊天，或者自己和自己对话，放下心中的设防。

最后，当然是要有足够的勇气去面对曾经失败的经历。其实啊，那些经历不可怕，它们才是真正能让你走向成熟的必经之路。如果你觉得放不下，可以找个地方宣泄一下情绪，甚至可以嘶吼。找不到地方嘶吼，就去找找身边的朋友，他们不需要你强颜欢笑，你可以完全放开自己，这样你会感觉伤痛减轻了很多。

总之一句话，你必须树立起自信心，独立自信才是人们最具杀伤力的极致魅力。其实，不只恋爱中的女生需要建立起自信心，每个女生都应该自信，这样你才有可能吸引到意中人。

别因不能秒回而失去爱情

前段时间，柠檬的一个闺蜜脱了单，沉溺于爱情里的她样子很美。可不久后，柠檬就接到了闺蜜的诉苦电话，爱情里的烦恼让她感到不安。男朋友没有及时回复消息，闺蜜便忧心忡忡：他是不是不爱我了，是不是在和别的小姑娘厮混，会不会碰到什么麻烦了呢，为什么不理我呀……

可能很多女孩都相信这样一句话：是否爱一个人，应该看他回你消息的速度。秒回是真爱，否则，他心里肯定没有你的位置。

爱情里的男男女女，喜欢患得患失，胡思乱想。每个人都希望引起对方的重视，都希望得到对方百分百的关怀与照顾。人们理所当然地觉得，自己作为男朋友或女朋友，就是对方最亲密的爱人，当然有权利随时了解对方的去向和动态。于是，不断向对方询问，以此证明自己的存在感，而要求对方秒回则证明了自己被爱的程度。一旦一方在回复消息时出现了延误，另一方内心被爱的骄傲得不到回应，那些不安、猜忌、怀疑等负面情绪就会喷涌而出。长期得不到回应，一方的淡漠和不理解会使另一方愈加无理取闹，爱情也就出现了裂缝。

现在人们无时无刻不捧着手机，内心的空虚与寂寞要求对方能够秒回消息，秒回即是存在感的体现。无论什么时候都能秒回你消息的人，最能让你体会到被爱和关注的感觉，而你通常对他的印象是最好的，即使秒回的这个人并没有给你带来任何实际性的收获。

那么，秒回应该成为评判一个人是否爱你的标准吗？秒回给人的感觉是生活离不开电脑和手机。在社交网络越活跃，现实生活便越显得无趣单调。会撩的男生可以一部手机同时秒回不同妹子的消息，秒回你的同时也在秒回他人。这样无所事事，空有一副嘴皮子讨女孩欢心的男生，你真的敢要吗？

很多情侣因秒回消息的问题发生争吵，这是一种不信任对方，缺乏安全感、存在感的表现。安全感是自己给的，在还未拥有他之时就开始患得患失，是一件多么可怕的事情。亲密关系之间该给彼此足够的信任，留有一定的空间，而不是步步紧逼，让秒回成为悬在爱情头上的利剑，也许对方没有秒回是真的没有空闲时间。而实际上，行动比秒回更重要，回复的内容也比回复时间的快慢更重要。

行动方面，比如：在痛经时递上一杯热水、深夜为你留一盏灯、寒冷时披在你身上的一件衣服……这些远比淡淡地秒回要好得多。当然，你肯定希望自己的哪怕只是一条简单的问候对方也能够回应你，可是，你是不是也应该体谅一下对方呢？不秒回不代表不爱你、不在乎你，就像你对爸妈的信息也未必是秒回吧，那能说明你不爱你的爸妈吗？所以这件事并没有你想的那么严重。在等待的时间里你也要有自己的生活，刷刷剧、打打游戏，把这看似难熬的等待换成自己娱乐休闲的时光，又有什么不可以呢？

恋爱关系中，你为什么缺乏安全感

恋爱中的你，睡觉的时候是不是喜欢抱着东西，或者喜欢开着灯呢？平时是不是更加喜欢在网上和别人交流，却不愿和身边的人交往？

其实，这些可能都在暗示你——你现在很缺乏安全感。有一个很精准的名词就是形容这些缺乏安全感的症状，叫“安全感缺乏症候群”，它会让人们觉得自己得了抑郁症，但其实并不是，只是一种疑心病。

柠檬先给大家讲一个身边的小故事。

Jane 和她的男友是上大学的时候认识的，在一起四年，感情一直很好。2004 年，男友要到济南读研究生，Jane 却落榜了，于是她选择到济南附近的城市工作。渐渐地，她发现男友的人生观、价值观都发生了变化，一次吵架的时候还说了一句让她一直难以忘记的话：“我很想找一个能让我少奋斗十年的女友！”她很伤心，于是两人分手。但是四五年的感情不是那么容易割舍得下的，虽然 Jane 对男友不像之前那么信任，两人还是和好了。

但是，那件事却让 Jane 一直忘不掉，两人复合之后，她总是会莫名地猜疑男友是否做了对不起自己的事情，变得特别敏感、小气，甚至会偷偷看男友的手机，看他的聊天记录。男友既气愤又不解，为什么她会变成这样？这其实就是Jane在分手又复合之后，丧失安全感的后遗症。

那么安全感到底是什么呢？其实就是一种感觉，让人放心，让人觉得有人可以依靠、可以相信。而我们当中的有些人，却总是比较缺乏安全感的，尤其在遇到感情的时候，会变得更加明显，会开始担心对方随时可能会离开自己，担心对方对自己不忠诚。其实这时连爱人也没办法帮你，因为问题出在自己身上，你必须找回自身的安全感，才能客观地面对爱人。

首先要承认内心的不安全感，并学会面对不安全感。你只有承认自己需要别人的关心、需要别人的陪伴，尝试着去面对自己内心真实的感受，并和它共处时，才会发现这种感受并不可怕。如果总是逃避害怕，不安全感也会一直跟随着你。

其次，你要学会表达，练习更有效的沟通方式。一方面，他可以更加理解你的情绪和行为，另一方面，他也可以帮助你一起去面对和处理这些感受。当你说出来之后，心里也会舒服很多。当然，这并不是指你要一味地埋怨或者找麻烦，而是告诉他你内心的不安全感，告诉他你的一些表现其实只是源于这些不安全感。有了这样一个良好的沟通之后，两个人就可以共同为消除这些不安全感而开始努力了。

当然，你要学会给自己空间，充实能量。缺乏安全感的人，通常都是因为内心的自我能量不足，所以你需要努力让内心的能量不断被充实。你可以留出一些时间和空间给自己，去做自己喜欢的事情，享受一个人的时光，比如跑步、游泳、骑车等。当你找到自己喜欢的事情并沉浸其中时，就可以跟着自己的心慢慢成长，内心也会强大起来，那么不安感也会随之变淡。

最后，你要知道，安全感的核心是爱与信任，你要学会爱自己、信任自己，爱别人、信任别人。这里的爱与信任既是父母带给你的，也可以是爱人带给你的。如果你身处一个充满爱与信任的关系中，难过的时候有人可以听你的哭诉，开心的时候有人愿意和你分享，身边永远有人无条件地支持你的决定，不安全感又怎么会一直缠着你呢？

如果你能够做到这些，那么终有一天，你会坚定地对“不安全感症候群”say no！

♡ 当你发现所爱之人如此陌生

爱情在最开始的时候都是盲目的，你愿意了解和包容他的一切，觉得两个人只要在一起就什么都好，即使差异很大也是可爱的互补——因为你相信，探索他的世界将成为一次神奇的冒险，加上有他无限包容的爱与你做伴，你一点都不会担心你们的未来。

但随着时光推移，你发现差异造成的边界感并没有那么容易消除。你们依然爱着彼此，但是你发现你们有各自的性格、爱好、价值观，以及不同的家庭背景，它们很容易就让你们陷入冷战、争吵、冷漠和恐惧……

然而你还是希望彼此能够完美融合，一起玩耍，分享彼此想法，并且分担未来生活的责任，最终牵手走过一生，成为别人眼中艳羡的一对，这时你开始困惑了——我到底要怎么做呢？

首先，在性格方面。心理学中一般把人分为完美主义者、全爱型给予者、成就型实干者、艺术型浪漫者、智慧型观察者、忠诚型怀疑论者、活跃型享乐者、领袖型能力者、和平型调停者，九种人格。每个人都或多或少兼有以上人格中的一种或几种，只不过有一些人的人格特征更明显罢了。你们能够走到一起，本来就代表你们在最开始的时候比较认同彼此的性格，但在实际相处过程中，也会有一些问题显现出来。比如——艺术型浪漫者和成就型实干者人格的人比较容易相互吸引，因为艺术型欣赏成就型的成熟干练的神秘气质，而成就型欣赏艺术型的灵动多情，但是后来，艺术型的人开始抱怨成就型的枯燥严肃，而成就型的人开始觉得艺术型折腾又烦人，这差不多是爱情之中最典型的矛盾。

但是心理学上有一个原则就是——谁痛苦谁改变。你们会为了这种性格不同而感到痛苦，就说明你爱着对方，这个时候放下自尊心和暂时的隔阂，两人好好地沟通一下，比互相坐着抱怨有用得多。穿上对方最喜欢你穿的衣服，把他约出来散个步、喝杯酒，看着你为他做的小小改变，他自然会明白你的一片真心，和你好好沟通。你得告诉对方你希望得到的是什么，了解对方想要的是什么，他有什么苦衷。互相体谅、达成和解，这样的爱情才是有生命力的爱情。即使有新的摩擦产生，也还有办法可以解决。

其次，在爱好方面。一般来说，男孩和女孩、男人和女人都会有不同的兴奋点。毕竟从小男孩子就有男孩子的养法，女孩子有女孩子的养法，因为这种差异才使得爱情中的两个人显得色彩鲜明且能够相对而立。正视这种不同，差不多就化解矛盾的一半了。爱情有时候令人胆小如鼠，不妨主动和对方分享一下你喜欢的歌曲和书籍，并告诉他它们好在哪里，也可以试着玩一玩他喜欢的游戏，享受挖掘新爱好的快乐，分享一下彼此新发现的攻略。有一个爱你的人引导你去探索新世界，本来就是一件开心的事情。时刻保持好奇心的你会显得更可爱——柠檬始终认为，不管有没有结婚，爱情都可以始终新鲜——因为你内心始终都留有一副天真的孩童模样。

就算有些爱好不能分享，那也没有什么关系。因为除了和爱人在一起外，你也需要时间和自己的姐妹逛街，让他和自己的兄弟在游戏里面并肩战斗。不要过多猜疑——作家三毛曾经说过——我相信，真正在乎我的人，是不会被别人抢走的，无论是友情，还是爱情。

第三，是能力方面的差异。爱情不只是花前月下、你侬我侬，爱情还有当前的生存和未来的生计。所以聪明的你肯定会意识到，自己拥有能够和爱人相互匹配的能力是多么重要。所以，当你发现彼此之间差距很大的时候，可以思考一下如何让自己变得更优秀。上一些培训班，去网上寻找一些提升自己内在和外在的方法，寻求相同领域的专业人士建议。一个从内到外闪闪发光的自己，总好过患得患失颓丧迷糊的自己。

《堂吉诃德》里面有一句经典的话："我爱你不沉湎，追求你不曲合。"好的爱情，不是一直盯着对方，而是双方都看向同一个方向。

当然，如果对方和你的差距太大，而且这其中的差距大到已经超出了你的心理承受能力时，你就可以暗示他，需要两人共同努力来维持未来的幸福，或者找个机会，在尽量不伤害对方自尊心的情况下，委婉提出你对他的期待，幽默地告诉他："你要是再不努力，我就得到工地上帮你擦汗啦！"

总之，在爱情之中有差异是正常的，你得有耐心、有信心，通过彼此的磨合来找到新的联系。不要把这个过程想得多么痛苦，它也是爱情的一部分，就像王小波对李银河说的那样：“我和你好像两个小孩子，围着一个神秘的果酱罐，一点一点尝它，看看里面有多甜。”

他对我为什么没有以前那么好了

很多女生都有过这样的疑问：为什么他没有热恋的时候对我好了，他是不是不爱我了？而网上更是有类似“男人就是这样，得到以后就不会再珍惜”的爱情真理流传。但是柠檬想告诉你，如果你觉得他对你没有以前好了，这与爱不爱没有关系，这只能说明你们真正的恋爱关系开始了。

在恋爱的时候，无论男女都容易产生一种错觉，认为那种如胶似漆、激情四射的状态才算恋爱，等到激情褪去，才发现两个人相处得好无趣。尤其是女性，很容易在这时产生失落感，开始怀念被追求时从对方那里得到的百般好处，甚至怀疑那时的甜蜜全是假的。

其实，恋爱的甜蜜期只是真正建立关系的前奏，但很多女性却误以为这才是恋爱关系的本来面貌。你和他经历的甜蜜和浪漫都不是假的，但那时候的你们却是假的。可以说，处在恋爱初期的人，几乎都没有用真实的面貌与对方接触，都不是自己真正的样子。在爱情的荷尔蒙分泌旺盛时，体贴的他和温柔的你都是在浪漫情境中催生出的一种“假我”状态，或者只是部分的自我而已。

因为人们都知道，追求阶段和恋爱初期最重要的就是稳固关系，为了确认关系，人们势必会表现得更完美。所以，即便双方都没有故意扮演一个“假我”，但潜意识已经被激发，那个部分也就自动被调动起来。等到热恋期一过，“假我”退场，他对你不再那么无微不至，你也不那么善解人意了，你们的“真我”，或是更全面的自我才开始显现，而这个时候，你们真正的恋爱开始了。毕竟，两个都在表演的人是很难建立真实的情感的。

这时候，大部分情侣要处理的第一个问题就是，如何适应这种虽然真实却不够完美的恋爱状态。其实恋爱双方都没有错，只是当真实的自己出现在彼此面前时，产生了一些不契合。这确实需要一些时间来理解和包容，但还是会有一些女性无法接受逐渐冷淡下来的关系，觉得如果他对我没有以前好，那我就不想再继续这段恋爱了。这种心情可以理解，这是一种常见的“巨婴心理”。人只有在婴儿时期才会得到一个人无微不至的关怀，但当人们长成大人后，还是期盼有一个人，可以每天都热恋般地舍弃自己的一切来对她好，这种退行性的期望本身就是幼稚的，印证出的是不够成熟的婚恋观。

如果你想改变这个现状，千万不要抓住对方追问个不停，你要做的是平衡自己的需求。要知道，热恋时的狂热只是暂时的，平淡稳固的关系才是常态。你要划分出哪些需求是“虚高”的、不需要的，这样才有可能更正面、客观地看待对方为你的付出。

真正的“对你好”并不是处处满足你虚假的、过高的要求，而是两个人都先做好自己的事，打理好自己的生活，再踏踏实实地去爱对方。

如何让你的爱情不输给柴米油盐

陷入爱情的那一刻起，人们都希望这种感觉能永远保持下去，可惜，太多情侣的爱情输给了真正在一起之后的柴米油盐。研究显示，亲密关系最容易破裂的时间正是夫妻们真正开始生活的一年到两年内，那么如何让你们的相爱不输给相处呢？柠檬觉得以下几点很重要：

第一，改变你表达愤怒的方式。情侣之间难免会发生矛盾和冲突，如果每次遇到分歧都用争吵指责来解决，你们的关系只会越来越差。当然这并不意味着你不应该表达愤怒，而是要选择正确的方式表达内心的愤怒和感受，说清楚你为什么会这样。例如，当你的另一半约会迟到时，恰当的说法应该是“亲爱的，你知道吗？你的迟到让我感觉很不开心，而且不止一次了，虽然我相信你是有理由的，但我更希望你能解释一下迟到的原因，你觉得呢？”一生气便不管不顾地大喊大叫：“你为什么又迟到了，你是不是故意的，不在乎我？我们分手吧！”这些对于解决“迟到”这个问题没有任何帮助，反而会让你们陷入冷战。

第二，对对方的行为做出更宽容的理解。想想看，当你猜不透对方的行为意图时，是把他往好的地方想，还是往坏的地方想呢？柠檬想，或许你应该改变一下解读对方行为的习惯，从更善意的角度去看待对方的行为，尽量看到他做得好的地方。即使对方做的事不够完美，只要他的出发点是好的，你就应该认可、肯定他的努力。还是“迟到”这个问题，当你生气于对方的不守时时，你是不是下意识地认为他不上心、不重视你？但如果他为了尽早来见你，已经加班加点地赶工作，已经马不停蹄地赶过来了，你是不是就能体谅他了？有冲突时不妨先看看对方做了哪些努力，而不是武断地判定对方不重视自己，这样自然会减少很多日常的矛盾和冲突。

第三，分享彼此的快乐很重要。分享彼此的快乐不仅指分享彼此生活中的趣事，还包括在对方升职加薪、取得进步的时候，主动、积极地祝贺对方，像“太好了，亲爱的你真棒，你的努力没有白费”这样的回应是善意而温暖的，不仅能够使双方分享快乐，还可以共同成长、交流。

你处在一段亲密关系中，不得不应对各种各样的压力和误会，它们会消磨恋爱中的浪漫和感情，不同的是，一些人懒得在关系中做出努力，于是琐碎的抱怨和负面情绪不停积累，将他们越拉越远。而有些人则更愿意用最大的善意去沟通、对待对方，不断提升自己。但柠檬也要提醒你，很多时候善意并不是你所理解的“对他好”，而是对方真正需要的是什么，有时候你觉得自己在对他好，对方却并不领情，很大程度上是因为你所以为的付出也许不是正确的方式，比起刻意为之，善意其实是根植在关系的日常行为中的。

童话故事总是以“从此王子和公主幸福地生活在了一起”

作为结尾，但谁都知道真正的难题是“在一起”之后的故事，那些能够执子之手、与子偕老的伴侣，之所以能够幸福地生活在一起，一定是在每一个可能猜疑的瞬间，都选择了用善意去包容对方，用最温和的姿态对待对方。

♡ 你可以选择任性，但要为任性负责

我在爱情中比较任性，之前有过分手，被我挽回了。这次分手他表现得很坚定，我该怎么办呢?

在咨询中，柠檬经常会遇到这样的问题，一方不断试探对方的底线，某天突然发现，自己真的触及对方底线到无法挽回的时候，才说“我知道错了，我愿意改变自己，但对方不给我这个机会”。但事实上，在咨询之前，往往这样的过程已经持续过多次：任性—分手—决定改变—挽回—任性。通常是一次次重复这个过程，对方最终选择放弃。

任性的养成原因往往与成长环境有关，一方面可能与原生家庭有关，童年生活中，父母对孩子过分娇宠和纵容，就容易导致孩子形成以自我为中心的意识；另一方面，伴侣为了证明自己的爱，不断包容对方的所有要求，这会让对方产生这样的想法：原来我做什么他都能一如既往地对我好。这也容易让对方形成任性的性格。

探究任性背后的心理需求，其实主要源于对爱和对彼此关系的渴求。任性的人知道自己无论做什么，对方都是可以包容自己的、爱自己的，但她们又希望自己能不断去证明这份爱的

底线在哪里，所以通过这种任性的方式来试探自己在对方心中的地位和分量。当自己的任性要求被满足，她们就可以心安，对方还是爱自己的。如果某一天要求没有被满足，她们就会想：为什么他不能满足我的要求了，是不是对我感到厌烦了，不爱我了。这时候就容易产生矛盾和争吵。

虽然适度的任性可以为感情增添情趣，但在关系中过分任性，就只会让对方越来越累。虽然对方可能会一时纵容你，但你能保证这种纵容不是有限度的吗？当触碰到对方的底线时，也许就不能够再挽回了。就像有些人一吵架就说分手，不高兴了就玩消失，一次两次还好，对方可能会哄着你，但次数多了，对方总有反感的时候。或许某一天，你说分手，对方便说好吧；或者你又一次玩消失，对方不再找你。这时你后悔自己的任性，想去挽回时，就会发现已经变得很难。

如果你们因为任性这个问题已经引发过几次矛盾，让两个人都很累，那这时你们该冷静下来想想，你们是否还愿意继续下去。如果愿意，这种境况势必要双方都做出改变。如果你的伴侣属于比较任性的一方，你在一次次的忍让中已经濒临崩溃，那就要停止这样无原则的退让和包容，尤其是当你不能保证自己是否会一直迁就对方时，就不要这么一直纵容对方，让他产生你的爱是没有底线的错觉。如果最后分手，会比当初选择让他改变更让他难以接受和痛苦，你可以和对方沟通，表达你面对对方的这些行为时的真实感受，让对方做出改变。

如果你就是任性的那一方，你需要明白：那个人并不能够永远纵容你。如果你不想结局难以挽回，就需要学会改变。你可以分析：你通常在什么问题上表现出任性，你当时的需求是什么，如果想要改变，之后再面对这样的问题你该怎么做。当你对自己一步步地做出分析，改变的动力和成效也会更大，而不再只是嘴上说要改变。

异地恋人，也可以很幸福

在生活中，有一种恋爱不仅需要两人忍受相思之苦，而且还要时刻担心对方是否会移情别恋，那就是该死的异地恋。哪怕两个人的感情相当深厚，面对距离上的分别、情感上的空虚，还有时间上的不对等，他们所付出的也绝不是普通人能想象的。异地恋成功的概率很小，自然不是说说这么简单的。

异地恋到底难在哪儿？该怎么正确认识这些难处，以及相应的处理措施又是怎样的呢？现在柠檬就和大家一起聊一聊“异地恋”这件事。

首先，柠檬先给大家讲一个简短的小故事：一对小情侣，异地三年，一个在南京，一个在武汉，吵架无数次，却也复合无数次，这期间经历了太多的眼泪和欢乐，现在领证了。这是柠檬身边最真实也最正能量的一个例子，那么他们是怎么修成正果的呢？无外乎四条。

第一条就是坚定双方的感情。人在什么时候最脆弱——没有信任感的时候，也就是没有了所谓的安全感，长时间不见面，你不知道对方在想什么，不知道他和什么人待在一起，更不知道他对你是否也是这样坚持。继而猜疑、质问，之后便是感情破裂的开始，“你干什么呢？你和谁一起呢？你还爱不爱我？”用这种问题反复向对方询问求证，慢慢就会演变为疲劳敷衍，对方也许一开始会老老实实地回答你，一次可以、一天可以、一周可以，那一个月呢？换位思考，你愿意这样被问吗？每天都做类似的事情，见一样的人，说同样的我爱你。就算你说你可以接受，那只能说明你不是一般人，一般人是接受不了这样的关系的。坚持对方的感情，给予对方信任感，这是一切感情的开端。

第二条就是及时沟通，适当分享彼此的生活。是的，你看到了“适当”这个词，任何事情如果事无巨细地告知对方，那就是在汇报流水账。感情为什么有保鲜期？是因为好奇心。对性别的好奇，对思想的好奇，对你生活状态的好奇。你可以向他表达“我想你了”“我今天吃了什么饭”“我今天迟到了因为遇到了什么事情”等，这些是基本的沟通。除了这些，你想知道他的生活，不代表你要一个一个去问，你可以引导他主动讲述他今天发生了什么事情。很多异地恋的人最害怕的就是对方枯燥地询问，“你吃饭了吗？”“我吃了。”然后“你吃了什么？”“我吃了米饭。”这种问答形式不是分享，而是监视。主动去关心他的生活状态，除了语言，还要有的就是度。

在重要的日子来那么一场惊喜，就是柠檬要说的第三条。一年一度的情人节，你会为心爱的他制造怎样的惊喜呢？一份特别的手工礼物？还是一束鲜花加一盒巧克力？又或者是一次突如其来的从天而降？这些看似平常的小举动，都能激起彼此心中的波澜。每个人都喜欢惊喜，因为它来得突然，也在另一个角度上表明了你在对方心中的地位。他想让你开心，所以自然会有行动，这也就是恋人们常说的“态度”。

最后一点，也是最重要的一点，常见面。可能很多人说我们距离太远，这里说的常见面做不到。柠檬要解释一下正确的“常见面”的意思，制定一个你们都适合的见面时间点，可以是一个月两次，也可以是一个月一次，再或者两个月、三个月一次，当然，异国恋的另说。现在的网络很方便，微信、QQ、微博等社交网络都为你们的沟通提供了便利，你可以通过视频、文字了解这个人，但是看着和摸着的感觉确实不一样，异地恋的你们该知道这是什么意思。不是生离死别，不是阴阳相隔，感情上总是有机会让你克服一些所谓的距离上的困难。只不过现在太多的人，选择用“太远”这样的理由回避自己其实并没有那么喜欢对方的现实。见了面，你就会渐渐知道他是一个怎样神态的人，也会慢慢了解他的情绪变化点，自然，你的一些对策也会悠悠生成。距离是挡不住你们之间的磨合的。

“找到一个对的人、用对的方式与自己的另一半相处，就能得到幸福。”希望这样的祝福不会成为别人的神话。

我该不该看他的手机

最近，有网友向柠檬咨询，她的男朋友经常低头看手机，却不让她看，这让她很不安。有一次没忍住她偷偷看了男朋友的手机，结果男朋友发现后很生气。这位女生很委屈地问：“难道我就不能看看他的手机吗？我们不是情侣吗？不是该完全坦诚，没有丝毫隐瞒的吗？”

“我到底该不该看他的手机？”“我能不能让他和其他女生保持距离？”“我可不可以让他不要和那个人交朋友？”相信这是很多恋爱中的女生不断纠结的问题，也许在旁人看来有些无关紧要，甚至会被批“控制欲太强”，但柠檬知道这恰恰是恋爱中两个人最容易陷入矛盾的地方，这种矛盾不在于个人控制欲强弱，而在于你对他信任与否。

之前冯小刚也曾对这个话题在微博上发表了一段感想，当时引起了网友们的争论。冯小刚的意思总结下来就是，夫妻之间不应该强行查看对方的手机，如果对方不想跟你过，你不查他手机也会分手；如果想跟你过，查手机的行为无疑会破坏你们之间的信任。两个人在关系中为了家庭和谐可以糊涂点，不要那么较真。

不去探讨这个意思表达得对不对，先探讨一下为什么会有查看对方手机的行为。很明显，当你想偷偷查看对方手机时，往往是一种没有安全感的表现。你在这段关系中没有安全感，觉得对方可能没有那么爱你，这时你就会不断地找一些证据来佐证这种想法。

之所以有这种安全感不足的感觉出现，可能源于你的成长环境、童年中父母并未给你足够的安全感；或者你的思维模式比较悲观，比如对方出门没有和你说具体去哪，你不知道他出去干吗、见谁，这就引发了你的不安开关，你会不断地想“他去哪，为什么不和我说，是不是去见什么人”；又可能是你想看对方手机的时候，对方表现出慌张或排斥，这时你开始想：“看吧，我就觉得有鬼，没有问题为什么不能给我看呢”。但其实可以预见的是，查了一次以后，你还会想着查第二次、第三次……

如果你是被查手机的一方，往往感觉也是比较累的。一方面被查手机，这种行为会让你觉得对方侵犯了你的隐私，是对你的不信任。如果不把手机给对方看，对方就会觉得你真的有问题；如果给对方看了，也许要面对对方的盘问：这个人是谁？是男生还是女生？也许这次没事了，还会被查第二次，或者更多次，这只会让两个人在关系中越来越累，矛盾增加。

其实对于到底该不该看对方的手机，是没有标准答案的，就看你们两个人是否都愿意接受这种方式。如果两个人都觉得可以查看，那就光明正大地查看；如果作为被查手机的你不愿意，那你是否要改变一些方式，让彼此都能获得安全感呢？比如出门的时候可以和对方说一下你去哪，让对方知道你的去向；在生活中不要撒谎，撒谎会成为你们不信任的开端。

如果你是查手机的那一方，就需要改变思维方式，不是对方不给你看手机就等于对方不爱你；也不是说对方出去就等于对方有问题。如果你感觉到没有安全感，可以和对方沟通，表达出你希望对方怎么做的建议，这会比看手机更容易解决问题。其实你可以换位思考一下，有个人时不时地问你，“刚才和你联系的是谁，把你的手机给我看看”，时间长了，你是不是也会觉得累呢?

爱情关系中首先要学会尊重对方，尊重对方的隐私，没有任何关系是可以做到彼此透明的。

爱情中的你有足够的安全感吗

相爱的人相处，一定都希望彼此忠贞不渝，想要互相占有，这也意味着恋爱的双方都需要让出一部分“自己”来换得更亲密、更稳定的关系。但不可否认大家也都喜欢自由自在地生活，因此才会出现人们想要更多地融入对方的生活，却让对方觉得“你太想控制我，不给我空间”的矛盾，这时你就需要信任这个调和剂来保持自由与亲密之间的平衡，稳定你们的恋爱关系。

“有信任基础的感情，会让我有信心，即便你对所有女生都很绅士，我也是独一无二的那个。”想要达到这样的信任，就不得不说一个关键词——“安全感”。这里柠檬就分享几个能给伴侣安全感的小技巧。

第一，给予承诺并实践。这看起来似乎是一种很老土的方式，但柠檬偷偷告诉你，这对于很多女生来说仍然是一个必杀技。对于女生来说，一起幻想、规划未来，让她感受到你的未来中有她的存在，是让她放下心中石头的最好方式，也是你们彼此坦诚，充满信任的最好方法。

当然，承诺之后，更重要的是付诸实践，不需要每一件事都立即做到，毕竟你们未来还有那么长，但时不时给她一个惊喜，实现她随口说的一个小心愿，就可以让她拥有足够的安全感，重要的是你把她放在心上。

第二，适当的信息透明度。这一点非常重要，也是很多恋人之间冲突最多的地方。对于女生来说，不可否认，“安全感”很大程度上来自对方的信息对自己的透明度。而有了足够的安全感，她才能足够信任你，相信你不会背叛感情。

适当的信息透明并不是要求你事事都向对方报备，女生愿意给你足够的私人空间，但是也希望你可以多带她一起去和你的朋友聚会。希望两人可以定期深入沟通，彼此加深了解，这些看似简单的小事其实都可以增进彼此的信任和感情。

第三，观念相合。也许这是很多人觉得惊讶的一点，为什么观念相合与情侣之间的信任感有关？因为观念相合的人更容易拥有共通的观点，而观点共通的两个人会在彼此了解后确信他的态度而不再有猜忌。例如，当我发现我们都是有着情感洁癖的人，那我就不会再担心你前女友的存在，不会再无休止地想要看你的手机，看你有没有与前女友“暗度陈仓”，更不会让这成为我们后来的矛盾点和阻碍。

生活中你常常会埋怨恋人没有给自己足够的安全感，但你知道吗，有些安全感只有自己能给，你才是自己最坚强的后盾，柠檬想在这里继续与你分享，如何能给自己足够的安全感：

1. 学会自立。女性如果不够自立，需要依附他人才能生活，那将永远无法获得强大的安全感。很多朋友结婚之后就成为全职主妇，每天围绕着柴米油盐、老公孩子打转，没有自己的生活和事业，总觉得现在拥有的都不是自己的，随时可能失去。与其一直要求爱人给自己看手机，不如给自己一份稳定的工作，在工作中获得成就感，这样你才有足够的信心，才会对另一半有足够的安全感。

2. 学会自爱。学会自爱自乐，充实地生活、交友，拥有自己的兴趣爱好，懂得享受生活。爱自己的人才能更好地爱别人，享受生活的人才会有容光焕发的美颜。这么美、这么会经营生活的你，怎么会有人舍得放弃呢？

3. 学会自知。人贵有自知，女性更要了解自己，知道自己想要什么，知道自己可以追求什么，不要把自己局限于“淑女优雅”“相夫教子”。你可以有无限的可能，尽力提升自己吧，把命运牢牢抓在自己手里，又怎么会缺少安全感呢？

其实除了自己，任何人或物都不能一辈子给你安全感，只有由内到外地自知、自爱、自立，你才能绽放出最美的自己，给自己足够安全的信心。

与其纠结“到底该不该看手机”“看手机到底算不算侵犯了他的隐私”，不如静下心来好好想一想，你是否给了对方足够的安全感，在想要进入他的隐私空间时，又是否给了他应有的信任吧。

很多人问柠檬，什么样的爱情才是真正好的爱情，怎样相处才能天长地久走到最后？柠檬觉得这些都没有标准答案，因为只要恋爱中的两个人愿意彼此信任、彼此扶持，合力追求感情的上限，一步步在感情中成长，这就是人们都想要的白头偕老、天长地久。

我想有份不作会死的爱情

很多男性都想找一个温婉贤淑、能够相夫教子的伴侣，和她举案齐眉、白首偕老。可事实上，在心中怀着这种期望的同时，他们往往会被活泼可爱、任性骄纵的女性吸引，难以自拔。而不争不闹、懂事体贴的女生往往遭背叛和当备胎的次数很多，甚至在想要挽回时只得到一句“你是个好姑娘，我对不起你”。

相比这种“好人卡”似的评价，柠檬更喜欢洒脱地做自己：委屈的时候哭给他看，难受的时候哼唧给他听，生气的时候发脾气让他受。将自己所有的任性和脆弱统统展现给他，让他无可奈何却又甘心承受。

很多人觉得不可思议的是，这种“作来作去”的爱情经常能度过很多时光，迈过婚姻的门槛，一直甜蜜如初。可你不知道的是，这样的“小作”才是爱情的催化剂。

其实，每个人都会在不知不觉中为自己的行为找一个合适的理由，比如我和她在一起是因为她温柔、对我好、理解我，这些理由让自己的做法合情合理。一般情况下，人们的行为和想法都是一致的，但是也会有不协调的时候，比如你无法忍受爱人太啰嗦、古板，却还是和他在一起，这个时候两者的不协调就会引发一些问题，让你焦虑、矛盾、难受。

虽说人们经常挂在嘴边的一个词是“随心而为”，但是心理学家通过研究发现，当想法和行为不一致时，人们往往会更改想法来迎合自己的行为，因为这样更简单经济。就像前面说的不协调的例子，大多数人更倾向于改变自己的想法，认为他的唠叨、传统是关心自己、有原则，而不是改变行为离开他。

越作越爱也是这个道理，女朋友总是撒娇生气、使唤你干这干那、气量小又脾气犟，你虽然抱怨这些，却一直没分手。这个时候想法和行为有了分歧，要想摆脱纠结不定的痛苦状态，只有改变现状或者改变想法。而想法的改变显然简单不少，所以更多的人会找一个理由说服自己接受有这么多缺点的恋人，以便维持现状，而这个理由往往就是“我爱她”。因为“爱”，我可以忍受这些，并且甘之如饴。

所以，“作”，并不会让爱情变淡，反而能让对方感觉到越来越爱你，这也是为什么每个宠溺女朋友的男生脸上都是幸福的表情。

事实上，在恋爱里也有一种赌博心理，那就是付出的越多越舍不得放手。美国很多学校社团的入团仪式千奇百怪，甚至让人不能忍受，比如裸奔、在玻璃碴上做俯卧撑等，但入社的人无不自豪满意、积极参加活动。

社团真的这么好吗？其实不一定，但是这么困难才入社的自己如果不喜欢，那之前的行为岂不是太傻、不值得？这种感觉会让人很痛苦、难以接受，于是，为了避免这种痛苦，潜意识里就会认为自己喜欢社团，享受这里的活动。

爱情中的作也是这样，男生在和女生相处中，付出的时间和精力越多，越不愿意放手。因为一旦放弃，就否定了自己之前的付出和珍惜，让他产生懊恼和不适感，为了规避这种不适，就会找借口继续这段爱情，这也是付出越多的人陷得越深的原因。事实上，女生的小作恰恰是让男友付出得多的一种方式，你的一些看似不合理的请求，撒娇让他为你所做的一切，都是留住他的砝码。

你“大姨妈”来了或者生病不舒服，想发脾气就发，想让他照顾就说。比如帮你冲红糖水，烧热腾腾的粥，陪着你，如果这个时候都无法向他撒娇，那谈何以后呢。偶尔想吃很远地方的东西，就使出各种方法让他去买，享受甜蜜的宠爱。生日、节日也要让对方记得准备小礼品和庆祝，因为这也是生活的调味剂。而对方让你不开心，或者委屈了，比憋着更好的办法就是发泄出来，告诉他你的想法和感受，坦诚相待才能亲密无间。

当然，所有的事情都要有个度，小作小闹不仅可以让爱情更加甜蜜，也能看出他是否真的爱你，但不知轻重的“作”就很有可能会把自己作死。这两者最大的区别在于，你是否能理解对方的情绪和需求。他难过、挫败、沉默时，尽量放下“作”的想法，静静地陪着或者逗他开心，男人需要的是感激、崇拜和赞扬，当他满足你的“作”时，一定不要忘记谢谢和夸奖他，这会让他心甘情愿为你服务。

“作”或“不作”，其实在于自己的选择。但恋爱是件美好的事，为什么不选择一个宠你并且乐在其中的人呢？

多少伴侣活在“水晶球原则”中而不自知

有这样一对夫妻，结婚仅三年，对彼此的厌烦程度却早已覆盖了往日的你侬我侬。为了让他们了解彼此的看法，柠檬让夫妻二人分别坐在单人沙发上，面对面，然后让其中一人来回顾最近对方让自己非常恼火，而对方却不自知的一件事。

两个人沉默了许久，终于丈夫忍不住了，也不顾周围是否有旁人，拍着桌子对妻子大吼道：“不要再做胡萝卜给我吃了，我非常讨厌胡萝卜！”

妻子很震惊，一脸惊讶地说：“你不是最喜欢吃胡萝卜的吗？我只是想让你高兴。”

丈夫摇了摇头：“你总是自以为是，你以为我喜欢，所以你就一直自顾自地做，事实是我很讨厌它！反而是你自己比较喜欢胡萝卜吧。”

本来妻子在丈夫说前半句话的时候还想争辩一下，却在丈夫说完“是你自己喜欢”后眼神黯淡下来，不愿意再做任何表达。

这时，他们的交流已经终结了。两人沉默了五分钟之久，再没有一句话可说。

看过这个故事后，相信你也会为他们感到欷歔。其实故事里夫妻二人为了“胡萝卜”而产生隔阂的现象在生活中比比皆是。而这样的矛盾和不满出现的原因往往也是不为人所关注的小事，其产生的后果却十分严重，值得人们的重视。

故事里使二人产生矛盾的“胡萝卜”出现的原因很简单。在二人热恋时期，还是女朋友的妻子去丈夫家中做客吃饭，一连三天，每天中午的饭桌上都会出现胡萝卜的影子，而且丈夫还吃得很香，没有任何难受拒绝的言行，妻子当时就暗暗记了下来。在他们结婚后，胡萝卜也自然而然地成了餐桌上的常客，还经常是变着做法地出现。

对此丈夫的解释是，他在父母家的时候，从一开始就非常不喜欢吃胡萝卜，但是每次母亲就强迫他吃，威逼利诱，什么法子都用过，他的母亲本身是非常强势的女人，在知道了抗议不可能有结果后，他选择了沉默去接受这件事。

而现在好不容易自己成家了，却还要继续去忍受吃胡萝卜这件事，这让他越来越感到难以接受，并最终爆发了出来。听到丈夫讲到这里，妻子原本低着头看着地板的脑袋慢慢抬了起来，她的视线转到了和丈夫同一水平线的位置，淡淡地说了一句话：“其实，我从小就不喜欢吃胡萝卜。”

所以，造成二人产生矛盾的主要原因就是双方缺乏交流，大部分都是用“我以为”这种思维来做事，结果自然有可能会产生如上所述的矛盾。这种现象在心理学中也有相应的解释，即“水晶球原则”。

“水晶球原则”的重点，就是“你爱我就该知道我想要什么”。是指你假定因为那个人爱你或者你爱那个人，所以双方都应该提前知道对方的需求、感受和想法，并据此采取行动。简单来说就是，如果我们真的相爱，我们应该总是知道对方想要的是什么。

而案例中的这对夫妻就是因为有了这种思维，所以从来没有好好问过对方，你到底喜欢什么，不喜欢什么；我喜欢什么，我不喜欢什么。反而是选择用自己猜测的方式来完成交流。

但事实是，不管我有多爱你，爱都不可能告诉我你是不是喜欢胡萝卜，还是你喜欢我为了你去费尽心思地查找制作胡萝卜好吃的法子。这种经历其实不止他们两个有，只要是有感情的两个人，这种“我为了你好，我以为这样你会喜欢”的思维总会存在。

夫妻或情侣间能做的不是完全杜绝这种关心，而是尝试在每一次遇到这些问题的时候，想想自己有没有必要亲自问问对方，听听他是什么想法。

这个有关“胡萝卜”的故事，希望大家都能谨记在心，避免在爱情中因为这小小的细节而使两人产生严重的矛盾或隔阂哟！

恋爱中的男女，究竟在较什么劲

爱情是一种神奇的东西，得不到的时候抓耳挠腮，得到了却开始“无往不作”，男女朋友之间的较劲在生活和恋爱中很是常见。

女生恋爱时喜欢你侬我侬，希望男生多关心关心自己，但当男生问她“你想我做什么”的时候，却只傲娇地撂下一句“谁需要你啊，我才不需要呢”；

而男生呢，认为女生无理取闹，自己为了两个人的未来已经这么辛苦了，所以也憋着劲“好啊，这话是你说的，你别后悔”，然后真的就不管了……

在双方的较劲之下，误会、矛盾随之而来，闹得大家都不愉快……

“较劲”，在心理学上被称作“反向表达”，比如把喜欢说成不喜欢，把关心说成不在乎，其实探究下去，没有爱，何来较劲？

恋爱中的男女喜欢较劲，其中的原因有很多。

第一，男女之间心理特点存在差异。一般来说，男人偏理性，女人偏感性，两个人对待爱情的态度是不一样的：从大多数情况来看，女人比男人更看重爱情和家庭，而男人往往会把事业、前途等放在第一位。因为关注点不同，相互较劲的点也就多了起来。感情与理智、爱情与事业、缠绵与自由，如此等等，都会造成差异的产生。

第二，受到幼时父母相处方式的影响，有一种“较劲”的强迫性重复。如果小时候父母总是相处得不融洽，相互较劲却又一直勉强维持下去，就会让孩子觉得父母间的相处是情侣、夫妻之间的正常模式，所以在长大找到另一半后，会不自觉地复制父亲与母亲的相处模式，以较劲为两人的主要相处模式。

第三，内心的自卑导致“较劲”的出现。自卑的人心中总会胡思乱想——“要是我直白地表现出自己对他的爱，会不会让他觉得我太随便了”——觉得自己太差劲，对方一定会看不起自己，于是只能通过“较劲”这种方式来表达爱意，似乎这样就能让自己获得自尊，不会被对方轻视和看不起。

除了以上几点，还有些情侣抱着保持神秘感的想法，让对方对自己的好奇心再多一些，了解再多一些，把“较劲”当情趣。当然了，这也是反向表达体现出的积极作用，拉近恋爱中男女的距离，明白对方深沉的爱。可若是过度了，只会使两人误会加深、矛盾加大，最后走向一发不可收拾的局面，但这又该怪谁呢？

经常对你说“不”的人，没准儿只是爱你在心口难开。如果你觉得自己控制不好“较劲”的尺度，两人都难以做到把

“较劲”当情趣，就最好换一种方法，直接沟通和表白或许更有效果。

尤其是两个人确定在一起后，更无须像陌生人一样扭扭捏捏，不愿抖出心中所想，正向表达有些时候效果也会出乎你的意料。比如，得到对方突如其来的惊喜，被问及喜不喜欢的时候就大大方方地说喜欢；女生觉得另一半最近对自己有些冷淡了，就可以直接向男友说出自己的不满，何必说那些无聊的“你是不是不爱我了”的话呢？

两个人在一起，不是拍谍战片，也不是演琼瑶剧，别让一天天堆积起来的“较劲”毁掉你们的爱情。

我说了分手，你怎么就答应了呢

我跟男朋友在一起时，感觉痛苦比快乐多得多，两个人经常为一点小事而吵架。那天我们大吵了一架，我一气之下提出了分手，哪想到他竟然立刻就同意了……我觉得他根本不在乎这段感情，也没有付出真心，否则怎么都不挽留一下我呢，怎么会那么痛快地就答应分手了呢？

我想这段内心独白很多女生在恋爱中都会经历，会为一件事、一个举动，甚至是一个眼神而直接上升到他是不是爱你、是不是在乎你的高度。你给爱情、给男朋友下了精准的定义，这个定义里面有很多应尽的义务，但也有很多不可能完成的任务，你只是想要一个自己心中认为的完美的爱情，却没有考虑过你的这些定义合不合理，也没有想过自己身为女朋友应该做到哪些定义。换位思考一下，情况变成这样：

我跟我男朋友吵架，他一气之下说了分手，我说分就分，他说我没有挽留他，进而指责我说我根本不爱他。

这样来看，你会觉得对方不可理喻，还是觉得自己确实如对方所说，真的是不爱他呢？

这种就是感情里面典型的双重标准，这些事我可以做，但你不行。我做了代表我在考验你，代表我珍惜这段感情，你做了只能说明你根本不爱我。

这样的双重标准会让双方都感觉很累。对方会觉得自己需要一直迁就你，会觉得不公平；你自己也会觉得对方一直不理解你，一直在敷衍你，对这段感情也没有像自己一样付出全部。

人们在感情里经常说反话，即故意不表达真实的意思，非要反着说。有时候说反话是情趣，比如对方想要亲吻你，你说他讨厌，这个时候你的害羞撒娇都是可爱的，也会让两人的爱情更加甜蜜。但有时候说反话只会伤人，比如说“我看你根本就不爱我，是不是！我早就看出来了，大不了咱们分手吧！”这类话，在说话人看来可能是希望对方做出一些爱自己的行为，哄哄自己，或者向自己做出承诺，但是在听的人看来，这是对自己付出的感情的全盘否定，对方如此轻易地把分手说出来，说明对待感情也没有那么认真，那分手就分手吧。

话赶话就是这样，尤其在两个人吵架或斗气的时候，不经意间两人就会由简单的争吵上升到人身攻击，吵得多了，结果自然就只能是分手或者离婚了。所以恋人之间有些话不能说，有些话要换个方式说。这里，柠檬给恋爱中的男女提两个关于沟通的建议：

第一，不要故意激怒对方。事实上这在两人相处中非常多见，双方对彼此非常熟悉，也知道对方的死穴在哪里，哪句话能一下刺中对方，哪句话说出来对方绝对会炸毛。正因为彼此都太熟悉了，所以吵架的时候才会特别在意，一定要和对方争个胜负对错出来，而想让对方立刻闭嘴，往往就会采取故意激怒对方的形式。但是柠檬建议最好不要这样做，因为每一次的伤害都会在对方心里留下伤疤，即便你们和好了，它也不会消失，甚至在以后的日子里还会时不时蹦出来提醒彼此。

第二，把“你不要”换成“我希望”。人们都讨厌否定自己的话，听了就会感觉不舒服。比如对方跟你说：“你能不能不要总是这么懒，不知道我干这么多活有多累吗！”你听了之后会有想要体谅对方的辛苦吗？会有想要改变自己的动力吗？没有，你会觉得烦，觉得对方只会抱怨。

好的表达方式是，你先表示对他的认同，然后明确提出你的意见及这个行为的好处，比如把刚才那句话换成：“我知道你上班很累，但是我希望你回来之后可以把东西都放好，脏衣服都放到洗衣机里，这样我会很开心，而且省下的时间我们可以直接去超市买东西，你想吃什么我给你做。”

这样就会让人听得顺耳很多，两人的沟通自然也就不会呛着来了。

每个人都喜欢听好话，那么，何不用说好话的方式达成你的目的呢？

第五章

携手对的人，
把婚姻“坟墓”变成天堂

会刷新自己的女人，在处理家庭矛盾时才不会懦弱，不会迷失自己，也不会轻易妥协，更不会让自己不幸福。

结婚前，这些你考虑过了吗

看电视剧总是能看到这样的剧情：本来一个不务正业的男生谈了一个女朋友后，会对女友说：“我以后会好好赚钱，不会让你跟着我吃苦的，嫁给我吧”。听了男生下定决心的告白，女生心甚感动，选择嫁给男生。但婚后的生活并没有如意，男生还是和以前一样我行我素、游手好闲，女生后悔了，但这时候想摆脱这种生活已经不容易，多了很多其他方面的考量。

生活中，也可能听到邻居讨论谁和谁结婚后生活不幸福，或是婆家的原因，或是因为结婚的对象导致各种矛盾。不管结婚时的婚礼有多浪漫，好像结婚之后就什么都变了。但去问这部分人，问问她结婚前，对即将嫁入的这个家庭、这个人有多了解，有些人会说“没太了解，当时觉得还行就结婚了”，或者有些人是明明知道对方并不是适合的那个人，只是心里抱着侥幸的心理，“也许我能改变他呢”，但事实是他很难被你改变。所以，并不是结婚后这个人就变了，而是你在结婚之前并没有对对方过多了解，在没有确定对方是否适合你，就轻易做出选择的决定，最后不得不承受不完美的结局。

现在作为单身者存在各方面的压力，家人的催促、亲戚热心肠的介绍、邻居的眼光……为了逃避这些压力，很多人会选择将就，觉得相亲的或者认识的对象还可以，那就这样吧，就是他了。或者是相处了一段时间，发现彼此玩得还蛮开心的，那就选择这个人了。但结婚之后就是各种油盐酱醋的琐碎事，观念上的不同就容易造成各种矛盾冲突，但这时候想要脱离就不是那么容易了。所以为了避免结婚后产生类似的恶果，结婚之前你需要好好考虑下面几个问题，看你们是否真的适合在一起。

人生观、价值观是否一致。都说三观不一致，是很难走到一起的。事实证明，确实很多价值观不一致的婚姻难以维持下去。就像典型的韩国三星集团的千金，当年选择了一个普通职员结婚，这个被称作公主和穷小子的现代童话，结局却是男方为了离婚获赔 1.2 万亿韩元（约合 72.2 亿元人民币）不断上诉。很明显，不同的家庭背景，塑造了他们之间不一致的价值观。面对问题时，他们一个积极向上、处变不惊，永远保持着优雅，一个自怨自艾、不停抱怨，总想着躲避。时间久了，问题只会越积越多。

还有一些价值观不一致的，表现在一个人想以事业为主、而另一个人是以家庭为主，这就导致一个人觉得对方不理解自己的工作，而另一个人觉得对方不关心自己、不爱这个家；其他还有比如两个人金钱观念不一样，一个花钱大手大脚，一个生活节省。虽然这些是小问题，但就可以让两个人每天为之吵架，这样的婚姻生活如何让双方体验到幸福呢？

是否能满足彼此的需求。每个人由于家庭环境的不同，造成生活方式各方面的不同，比如有些人在恋爱关系中很没有安全感，有些人需要不停地掌控对方的动态才能获得安全感，这些需求得不到满足时，常常会让双方都觉得很累。曾经有个来访者哭诉说：他很爱他的女朋友，为了她做了很多事，但女朋友常常表现得很冷淡，这让他很没有安全感，又怕说出来导致两个人分手，他觉得很累。他不知道女朋友的需求是什么，而对方也给不了他想要的安全感。两个人的需求都得不到满足时，关系往往很难持续下去。所以，当你决定和对方在一起的时候，一定要确定你们是否能满足彼此的需求。

当你能够冷静理智地分析你们彼此是否适合后，做出的决定往往也是更理智、更合理的。

♡ 嫁入豪门的姑娘，一定会幸福么

如今的社会，越来越多的女人在抱怨“事业与家庭不能兼顾”，只能忍痛为了家庭放弃事业，成为全职太太。但这容易出现很多问题：如果家里的经济全部依靠男人获得，女人便失去了话语权，其经济依赖也会让男人有高高在上的感觉。或许很多女人都羡慕那些嫁入豪门的灰姑娘，觉得她们以后就可以一生无忧。但是她们真的都过得幸福吗？其实并不一定。很多嫁入豪门的灰姑娘都只能做全职太太，她们依赖丈夫过活，再加上与丈夫原生家庭的地位差异，会使她越发觉得自卑，觉得低人一等，只能一味地顺从丈夫。有时候丈夫出轨了，她也只能默默忍受，不敢反抗，因为她已经失去了独立生存的能力。

因此，女人一定要记住：**你可以不赚很多钱，但是一定不能失去赚钱的能力，不能选择完全依靠别人的生活**。工作会让你的生活变得充实，并且自己努力赚来的钱，虽然辛苦，但是会让你更有满足感。如果你的经济来源全部依赖男人，把男人当作生活的全部，他开始可能很开心，但是时间长了难免会厌烦，不再把你当回事。这时，你该怎么办呢？现实中很多女性的悲剧皆在于此。

除了经济上的独立，女人也要拥有精神上的独立。女人要拥有自己的事业和朋友，不要只局限于家庭这个小空间里；女人要有自己独立的人格，自己的事情要能够自己做主，男人的意见可以作为参考，但是不要全盘听取；女人要有对自己未来的想法，要有自己的人生规划，什么时候该做什么事情，都应该自己独立决定。如果为他放弃了自己过去的一切，放弃了自己独立的人格，成为他的附属品，就是从根本上放弃了自己，把男人或者爱情放到了至高无上的地位，也就永远失去了自我。

或许很多女人还有一种错误的观念：我结婚了，就是完成了人生中最大的事情，我不用再那么努力了，让他来养我就好。这其实也是错误的，女人应该想办法提高自己，要时刻更新自己的知识技能，不要把学过的东西全部丢掉，而是应该更好地利用它们；在空闲的时间里学习更多自己感兴趣的东西，让自己更加强大自信；通过交友、读书、娱乐，不断充实自己的内心。会刷新自己的女人，在处理家庭矛盾时才不会懦弱，不会迷失自己，也不会轻易妥协，更不会让自己不幸福。她们会寻求更为理智的解决办法，避免不该发生的事情，追求自己的真正幸福。

♡ 对不起，我们真的不合适

“对不起，我们真的不合适。”——很多人在分手的时候会用这样的话作为解释。大多数人的爱情，始于颜值，只是匆匆一瞥便惊艳了岁月。但是，爱情和婚姻，都讲究一个合适。“如人饮水，冷暖自知。”无论是冰得硌牙，还是热得烫嘴，都需要你自己来感觉和承受。

脚上的鞋子如果不合适，便会磨得一双脚鲜血淋漓，走起路来步步锥心。为了避免这样的悲剧发生，柠檬想和你聊聊，在多数情况下，你不能选择的伴侣类型是哪些。

第一类，慎重选择与你家庭状况相差极大的伴侣。听到这里大家也许会想，这个想法太过时了吧，在21世纪，你竟然劝我门当户对？是的，柠檬想说，“门当户对”是有一定道理的。但是，别急，且听柠檬细细说来。大家都知道，同样一个孩子，在不同的家庭环境下会被培养成完全不同的样子。家庭教育、家庭氛围，以及不同经济条件的家庭带给人的影响是大不相同的。所以对方眼里浪费的奢侈品，对你来说可能就是些稀松平常的小物件儿；你只喜欢偶像剧、言情小说，伴侣却张口宋明理学，闭口黑格尔……这样的感情又能走多远呢？柠檬承认，差异有时也会带来美感。但是，这样迥异的审美和生活方式，产生的矛盾和不理解恐怕会更多。

第二类，有一定经济能力却过分节俭的人。柠檬知道，大家在生活中一定都遇到过勤俭节约之人。但是，柠檬想提醒大家，那些明明有一定经济能力，却对自己过分苛刻的人，是你要谨慎选择的未来伴侣。这样的人，看似节约，但背后暴露的问题不容小觑。首先，他们不会适当地取悦自己，只是一味付出劳动，而不懂享受生活的乐趣。与这样的人相处，你势必会感到压抑、无趣。如果你是对生活品质稍有追求的人，那么一定不适合与这类人恋爱和结婚。同样可以看出，明明已经有了一定的经济能力，仍然过度节俭的人，一定是对未来缺乏信心的人。大多数时候，有能力创造越多财富的人才越敢于消费。而那些对于未来充满自信的人，又怎么会苛待自己的生活呢？所以，你看到的不是勤俭节约的优良品德，而是一个畏畏缩缩，对未来充满不确定的人。

第三类，是对食物过分贪婪的人。很多人在内心空虚和寂寞的时候，都会选择用食物来麻痹自己。但柠檬想提醒大家的是，那些对食物过分贪婪的人，往往内心也极度空虚。以为填满胃就能充盈内心的他们，真是既可悲又可叹。再者，那些吃东西时只顾自己，不爱分享，还狼吞虎咽的人，也往往缺乏生活情趣，并且比较自私。他们其他方面的品质我们不得而知，需要深入交往才能获得。但是民以食为天，作为凡夫俗子的我们都免不了一日三餐。对吃这件事的态度，不知不觉中便能体现出很多东西，是你选择伴侣时可以重点关注的地方。

最后，柠檬想和大家说，鞋的大小是否合适只有脚知道。

它会让你觉得舒适温暖，还是举步维艰，只有你自己才清楚。所以，慎重选择将要陪你共度余生之人。面对那些苦苦支撑仍然难以为继的感情，大声地说出来吧——“对不起，我们真的不合适。”

但是也应该意识到，“金无足赤，人无完人”，每个人都会有这样那样的缺点。比如有人长得漂亮但是学历不高，有人学历高但是长得不好看，有的人家庭条件优越但是性格很差，有的人性格完美但是家庭条件不好，等等。因此，要从整体的角度观察一个男人，不要过于片面地注重他某一方面的内容。在经过各方权衡之后，再考虑他是不是你想要找的人。

判断这个男人是否是你的“如意郎”

婚姻对于女人来说，是一个特别期望而又感到害怕的词。期望的是能够嫁给一个好男人，拥有一份美好的婚姻；害怕的是所嫁之人并非自己的良人。因此，为了找到最佳人选，很多女人都在一直寻找，而迟迟没有步入婚姻的殿堂。在寻找的过程中，女人最害怕的便是“识人不清”。

在柠檬的咨询生涯中，遇到最多的咨询问题便是婚姻矛盾。曾经有一个咨询者是位婚姻坎坷的女人，她的丈夫在结婚之前对她很好，可是结婚之后便暴露了自己的本性，不仅喜欢抽烟，还酗酒，酒后动不动就对她动粗；后来她实在忍受不了了，选择了离婚。之后，她又遇上了一个男人，他不抽烟也不喝酒，看上去是个好男人，但是在恋爱后不久，她发现这个男人居然是个有妇之夫。就在这样不断地“选择—失望—选择—失望”中，她变得不再年轻。她向柠檬抱怨道：“为什么我遇上的都是这种男人”，其实究其原因，是她不知道到底该如何去选择一个好男人。很多“剩女”都是这样，在不断地等待、选择和与“渣男”的纠缠中错失了很多美好的姻缘，使得自己的年纪越来越大，找对象越来越难，最后只能草草选择一个，了无趣味地凑合着过婚姻生活。

那么该怎样判断他是不是你的“如意郎”呢？柠檬这里有一些小方法值得一试。

第一，先看言谈举止。看一个人的言谈举止可以初步了解一个人。言谈方面，有道德修养、彬彬有礼的人和出言不逊、粗言秽语的人相比，二者的性情差异显而易见；举止是严谨检点、自如得体，还是大大咧咧、行为粗俗，通过观察就可以把人分得清清楚楚。当然，对一个人的判断，还要学会综合分析，把握其本质特点。从言谈举止来判断一个人，一是要注意从不同的事情分析对方的言行，多角度进行观察，尤其是可以注意观察生活中的小细节，比如走路的姿态、餐桌上的礼仪、对女性的态度等；二是“日久见人心”，言谈举止需要长时间的观察才能做出正确的人品判断。

第二，看他的朋友类型。俗话说“物以类聚，人以群分”。也就是说，有共同或相似特征的人更容易聚在一起。所以，想了解对方是什么人，不妨先看看对方在和什么样的人做朋友，这样可以准确地得到对方的人品信息。如果他的朋友都是谦谦君子或者大方得体的人，那么他也应该不会差，但是如果对方的朋友都是些狐朋狗友、酒肉朋友，那便要好好考虑他的人品了。

第三，看对方处理工作的态度。从某种意义上来说，一个人对工作的态度就是对生活的态度。凡是在工作中敷衍塞责的人，在对待生活时也是不太上心的。有的人在工作上遇到一点困难就想逃避或跳槽，那么在处理情感关系时，对方肯定会以自我为核心，或在夫妻关系发生危机时，他可能会选择立马放弃这段婚姻。

婚姻是爱情的坟墓，还是爱情的归宿

每一段婚姻都有开始的理由，你不应该去指责那些和你有着不同婚姻观的人。婚姻不易，没有一开始就注定是美好结局的婚姻模式，一路上必然会有许多状况，你们只有不懈怠、不忽视，努力解决问题，共同维护婚姻，才有可能执子之手，与子偕老。所以不管你因何结婚，都要“且行且珍惜”。

婚姻实在是一门让人感到困难的功课，柠檬曾经问过好几对结婚几十年的夫妻，这几十年来的相处之道是什么？他们都不约而同地回答一个字——“忍”。

现代人，尤其是女人，已经不像以前那么传统了（包括柠檬自己），毕竟大家都受过高等教育，而且有自我谋生的能力和独立自主的需求，要去忍耐似乎非常困难。那婚姻该如何走下去呢？

柠檬特别喜欢《圣经》中关于爱情的一段描述：爱是恒久忍耐，又有恩慈；爱不是嫉妒，爱不是自夸，不张狂，不做害羞的事，不求自己的益处，不轻易发怒，不计算人的恶；凡事相信，凡事盼望；凡事忍耐，爱是永不止息。

那么，当爱到深处进入婚姻，究竟是靠近了爱情的归宿，还是踏入了爱情的坟墓呢？要回答这个问题，也许应该先看看，什么样的婚姻才不是爱情的坟墓。

首先，一致的价值观是爱情保鲜最重要秘诀。价值观是每个人行为处事的指导准则，唯有价值观一致，夫妻二人才可以在各种大问题上做出同样的选择，才能在纷杂的世事中保持相似的默契，才能为了共同的理想而努力。为了对纷繁的客观事物有大致相同的取舍，在你们决定走入婚姻殿堂之前，长期的相处和频繁的沟通非常重要。当然，婚后保留一部分时间彼此倾听、讲述，也是爱情保鲜、价值观同步的好方法。

其次，彼此包容、理解的品质对于婚姻也十分重要。能够在最初的激情过后依然决定步入婚姻的两个人，一定是在了解过彼此的思想感情和行为习惯之后，经过充分的考虑做出的决定。妻子知道丈夫睡觉打呼噜，偶尔有些大男子主义；丈夫也明白老婆洗完澡总是满地头发，偶尔还会任性、发脾气，但是两人仍然愿意选择包容和理解对方。也正是这样的心理准备，让你们的婚姻坚固如初，让你们的爱情不因误会而迅速消散。

同时，对于婚姻中的人来说，能否做到彼此忠贞也是非常重要的。忠贞是爱情能够成功转为婚姻的基石，爱情是挚笃专一、忠贞不贰的，婚姻更是具有完全的排他性，不可三心二意、脚踏两只船。因此对于步入婚姻的人来说，做好充分的思想准备非常重要，你愿意将你们的关系从恋人升华到夫妻，以后的一生只有对方一个人相伴，这样的婚姻才是爱情的初衷，更是爱情的升华。

最后，尊重也是婚姻中的夫妻不可缺少的心理因素。爱情，也许只要激情就可以让身处其中的人足够愉悦，但对于走入婚姻的人来说，尊重可以让你们的爱情坚固而不出现裂痕，彼此成为下半辈子的另一半。所以不要因为一点小事便朝对方发脾气，或者不停地数落对方的各种问题，也不要觉得自己是对方的另一半，对方就应该什么事都和你说。给对方一点空间，在对方真正需要的时候互相扶持和帮助，即使因情绪化而一时控制不住自己，也要在事后主动向对方道歉，这些都会让你们觉得彼此是平等的、受尊重的。

所以，在婚姻中，共同价值观、包容理解、承诺忠贞、尊重等一系列品质，是让爱情升华成亲情，彼此成为亲人的催化剂。对于爱情来说，婚姻是升华，而不是坟墓。而对于婚姻来说，爱情是基础，但不是婚姻的全部。婚姻是天堂还是坟墓，取决于你的经营，婚姻本身无所谓好坏，成败全在于自己，只有你自己才能回答这个问题。

你还在对那个最爱你的人发火吗

人们常常有这样的困惑，为什么在与外人沟通的时候，总是能做到温和、耐心和理性，但是在与家人交流时，却经常会感到不耐烦，随意大声嚷叫表示不满，有时还会形成一种沉默的冷暴力呢?

这是因为人们心里有一个明确的界限，分为外人跟自己人。在面对外人的时候，因为对对方还不够了解，你会调动所有的感性和理性来确保谈话的顺利。而回到家中，你的身心会彻底放松下来，卸下了心理上的防御面具，只用感性的心理状态来交流。这时若是遇到分歧就很容易情绪化，让自己的情绪暴走。

很多时候，一段感情的裂痕就是从一些不能好好说话的小事中产生。两个人说不到两句话就开始吵架，遇到问题首先是相互指责和揭短，甚至会冷嘲热讽。美国心理专家伊斯文把这种情况称为“语言虐待”，语言虐待看不见伤痕，留不下证据，却可能比身体虐待造成更严重的后果。

生活中，有很多时候人们都会情绪化，跟家人发脾气，却丝毫不放在心里，认为这是小到不能再小的事情，常常忽视它，更不会考虑不好好说话带来的后果。于是其中的负面情绪和不满就一点点地积累了下来。这种累积的负面情绪会逐渐消磨两个人的感情，让争吵变得更频繁，形成一种恶性循环，最终将感情粉碎。其实，一份感情的质量不仅在于爱得深不深，也在于两个人能不能好好说话。双方如果能好好说话，这份感情会越来越深入。但如果有一方开始变得情绪化，两个人就会陷入沟通的恶性循环，即使是无法割舍的至爱，也会变得焦灼和痛苦。

如果你能学会一点沟通的技巧，与人的交流也会变得更加轻松。大多数人常常不能清晰地表达自己的真实需求，很多时候人都会有不高兴的情绪，却无法简明地说出不高兴的原因。所以就在心里存着一股邪火，继而肆意发泄自己的感受，这样反而会扯出更多不相关的问题，使沟通失去了解决问题的本意，变成了口头上无意义的宣泄。

就好像当你忙了一天回到家，特别累，心里还莫名觉得委屈时，就想瘫在沙发上什么都不做。但实际的生活是你往往还要做其他的事情，如果家人这时在耳旁唠叨一两句，你就会把白天积累的所有不满瞬间发泄出来，会说家人不懂自己的辛苦，会开始指责对方不关心自己，会抱怨对方没有自己付出的多，等等。其实你真正的想法是“亲爱的，我有些累了，你能安静地陪我一会儿吗”。所以，正确表达自己是交流的第一步。

有些时候不仅要表达自己，也要学会做一个听众，去了解对方的真实想法。沟通是双方交流的双向过程，只有两个人都能心平气和、专心致志地面对同一个话题时，沟通才是有效的。但在感情中，长时间的相处难免让两个人感受到一些不满和委屈，并且都认为自己才是更受伤的那一个。因此，在交流时会本能地急切表达自己的想法，用情绪化的语言刺激对方。所以在表达自己前，试着先听听对方的想法，发现自己的不足，让情感在体谅和相互理解中变得更加稳固。

没有什么事情是心平气和的沟通所不能解决的。我们总是向最爱的人宣泄情绪，以为他们永远不会离开我们，但我们却恰恰伤害了他们的感情，也在不知不觉中伤透了他们的心。不如从此刻起，收起肆意的戾气，好好去爱那些陪伴我们的人，耐心地和他们沟通吧。

换个人，你会更幸福吗

不止一个人说过“婚姻是爱情的坟墓”，但也有很多人质疑这句话——恩恩爱爱、相处到老的夫妻不少，他们都是怎么做到的呢？

大家都期盼着自己的婚姻能像他们一样幸福，但生活总会在猝不及防时给你一击，自以为甜蜜幸福的婚姻，往往会因为一件小事而破裂：或许是回谁家过年，或许是轮到谁打扫卫生，或许是多看了什么人一眼……

才结婚就厌倦甚至离婚的情况越来越多，一部分原因是现代人的理念：觉得离婚不是什么大事，没必要凑合过下去；还有一部分原因是独生子女居多，受不得委屈，遇到问题想的不是解决，而是“我凭什么受气”。

除去这些轻易离婚的原因，导致双方由甜蜜到不和，再变成讨厌的理由是什么呢？遇人不淑？家境差距？还是性格不合？换个人是不是会更幸福呢？

其实造成这种情况的**第一个原因人人都能意识到：自身已知缺点的暴露**。在分析别人的婚姻时，大家对这点都能侃侃而谈，但发生在自己身上，不仅意识不到，潜意识里还会不断掩盖、排斥。随着时间的推移和婚后心理的放松，这些问题会通过各种方式暴露出来，引起另一半的不满和反击。

就像一个自卑的男人和别人结婚后，他不会承认自己的自卑，反而极力隐藏。但妻子的外向活泼和受人欢迎让他感到危险和痛苦，于是用其他方式表达出来，比如斥责妻子不够稳重、不顾家，或者极力表现自己、否定对方。当然，妻子会感受到这种情绪和不满，一方面会争吵反击，一方面想要表现得更优秀以证明自己，而这两种反应都会让男人更加痛苦。

这种情况下，往往在关系破裂时，夫妻双方还不知道问题出在哪里，这其实是自身的缺点在作祟。当然，很多人并不愿意承认这一点。没有人是完美的，多问问别人对自己的评价，通过反省发现自己的缺点，在生活中抑制和改正，你会发现能缓解的并不止夫妻关系的紧张。

对伴侣产生厌倦的第二个原因还是我们自己。你选择一个人作为自己的男朋友或者丈夫，一定是因为他有吸引你的地方，或许是因为他对你特别好，或许是因为他长得帅，或许是因为他能给你依靠……这些是你最初的期望——我确实想要一个这样属性的伴侣——但是，在陷入爱情时，你往往会只顾着这一个渴望与条件，忽略了自己的其他需求。随着时间的变化，最初的愿望被满足后，其他需求会渐渐地显示出来，如果对方没法满足，你就会产生失望、不满和愤怒。

比如说，很多姑娘想找一个比自己年纪大，像爸爸一样的男人照顾自己，给自己依靠，因为她现在像孩子一样需要这些。但是随着年龄的增加，甚至在自己的孩子出生和成长后，这个女人渐渐成熟、独立，不再需要爸爸般存在的人。虽然他很好，但这时的关系仍会慢慢让她感到失望，这种情绪不断累积，终有一天会爆发出来。

所以在选择伴侣时，除了考虑你现在喜欢的他拥有的特质，还要仔细想想自己其他的需求。当然，也要问问他喜欢你哪点，思考一下自己这方面的特质是会越来越吸引他，还是有时效性的。平时和爱人的相处中，可以说说自己需要什么，询问他想要什么，互相沟通，及时调整，让你们都处在满足对方的热恋时期。

最后一个原因是自相矛盾的期望。就像前文介绍的一样，很多时候不是因为对方做了什么让你厌倦他，而是你自身的原因——自相矛盾的期望就是最突出的一点。人们有时候会被与自己完全相反性格的人吸引，可相处不久就会对这种差异感到厌烦，同时又被和自己相似的人吸引。正是这种自己需求的矛盾，造成了一出出爱情的悲剧。

其实，你对爱人期望的矛盾也是对自己的矛盾。你希望自己成为这样或那样的人，但是没有行动，或者达不到那个状态，于是想在另一半身上得到补偿。但不论对方有没有满足你的期望，你都会产生不满——嫌弃或者妒忌。这种时候，最重要的解决办法就是让自己动起来，期望成为什么样的人，就去努力让自己成为这样的人。当期望可以自己满足时，对爱人也没有那么多不合理的要求了。

很多恋人或者夫妻分开后，即使再找对象，也会遇到相同的困扰，因为问题的核心在自己，即使换个人，也是一样的结果。夫妻间争吵和厌倦很平常，看不到希望时，不妨思考一下是不是自己的原因，通过改变能否摆脱这种困境。如果确定已经没法挽回，换一个人相处时，记得提前调整心态，给对方和自己一份幸福的可能。

婚姻中如何疗愈自己，成长自己

很多时候，大家会感到疑惑，人为什么要结婚？结婚后有那么多问题，婚姻的意义到底是什么？这节柠檬就想与大家好好地聊一聊这个问题。

说矛盾多、令人厌倦的人，大都是没有意识到问题背后的暗示，换句话说，每一次矛盾的产生，都是想提醒你，是时候该自我觉知了。在一段亲密关系中，你卸下防备，会更容易发现自己内心的需求，因为你有了一面镜子，那就是你的爱人，借由爱人，借由矛盾，来一次自我觉知，深入了解。

需要知道和了解的内容是什么呢？其实就是了解原生家庭究竟给自己带来了什么样的影响，自己的生活是否有些原生家庭的影子。

一个人一生中有两个家，一个是自小成长的家，叫“原生家庭”，另一个是长大成人以后自己组建的家，叫“再生家庭”。原生家庭中存在的问题往往会被带到再生家庭之中，产生或多或少的影响。这里有一个“心理按钮”的概念，即人们一旦遇到类似小时候某种需要得不到满足时就会触动按钮，矛盾也就出现了。

比如小时候父母总是嫌你毛手毛脚，什么事都做不好，这使你在与家人的亲密关系中处于自卑的状态。长大后，有了自己的家庭，你不会轻易表现出自己内心的自卑或童年的伤痛，大家看起来相安无事。一旦有一天，你的另一半做了某件事，笨手笨脚，把家里弄得一团糟，你就会表现出生气、愤怒，甚至是嫌弃，一如儿时父母对待你时的样子，这样一来，家庭矛盾就被引爆了，小事变成了大事。

总的来说，在再生家庭之中，人们会下意识地复制原生家庭中父母的相处模式，或是找机会弥补小时候没有被满足的需要，爱人在此之中扮演的角色，除了被你当作强迫性重复的对象，还应该是陪同你一起回到原生家庭，找出伤痛的根源的最佳伴侣。

也许在回顾过去的过程中，你会发现，原来自己爱上另一半的原因很可能是原生家庭的指引。柠檬曾经遇到一个女孩就是如此，她从小到大都是乖乖女，听父母的话，自己也备受宠爱，但是不断遭遇“渣男”。最惨痛的一次是她义无反顾地爱上了一个骗子，一个骗钱骗身的混蛋，别人告诉她实情，她还会为骗子找借口，自己银行卡都被他偷了，还拦着朋友不让报警，原因也很简单，她把自己带入了她父母的角色，那个人不管做了什么她都觉得自己有义务、有责任去帮他，哪怕自己受伤。这种大家看起来有些“圣母”的傻乎乎的行为，作为旁观者的我们可能看得清楚，但是你对自己看得足够清楚吗？

听到这里，也许你会质疑自己，选择的人是否真的是自己想要在一起的？别慌，即使你的爱人确实具有与你原生家庭中某位亲近之人相似的特质，即使那些特质时常让你感到痛苦与心烦，那也没什么大不了的，因为他就是那个能够让你回到过去、求根问果并且彻底治愈伤痛的人。等到爱人与你一同将原生家庭之痛治愈了，相信你们之间的矛盾与问题也就不复存在了，即使存在，也是增进感情的基石。

在婚姻中疗愈自己，成长自己，做彼此的心灵父母，每个人心里深处都有个内在孩子，拥有接纳和原谅的能量，才拥有彼此相互疗愈的神奇魔力。

“别人家的”可能并没有那么好

在生活中似乎常听到这样的对话：“你看看人家老公怎么对老婆的，你再看看你……”或者：“人家女朋友多温柔体贴，你怎么这么不懂事？”小时候老听父母说别人家的孩子，现在长大谈恋爱了，却又听到另一半说别人家的男/女朋友，听着这些抱怨，你的内心是不是觉得很崩溃？

为什么人们总有这种“别人家的”思维呢？一方面，这与原生家庭有关系，童年时期，父母总拿别人家的孩子与自己做比较，在这种环境下耳濡目染的人，不由得也被灌输了“别人家的”思维，所以长大后就开始也用这种思维去抱怨身边的人。

另一方面，当有这种比较后的抱怨言语时，往往是对方没有满足自己某方面的需求，所以希望通过这样的比较，让对方知道改变或变得越来越好。就像你们去朋友家做客，看见女主人在厨房忙，男主人帮女主人捏捏肩，或者帮忙洗碗，这时你说了一句“看看人家男朋友多好”，其实你的潜台词就是“你能不能也贴心点，在我忙的时候帮我一下”。但是这种比较并不一定能达成你的愿望，甚至很多时候都会适得其反。因为站在他的角度，听到这句话，他的反应会是“你说别人男朋友好，意思就是我不好了？我哪里不好了？难道我对你很差吗？”就像你被对方拿来和别人做比较一样，你的反应也会是这样的。结果不仅没有实现改变，反而还影响了两个人的心情。

但是别人家的真的就那么好吗？由于刻板印象或者光环效应的影响，人们会对一个人贴上好坏标签，就是你认为这个人好，就认定他身上的所有品质都是好的，往往造成以偏概全的印象。就如同你看到朋友家的男主人帮助女主人一样，你觉得他是体贴的，有了这一个标签，其他的反而被忽略了。所以有时候这个“别人家的”形象，很有可能是你自己塑造出来的一个不存在的完美形象。

不要总是拿你的伴侣与别人家的做比较，因为这种无形中的比较可能会对对方造成不小的打击。虽然你的初衷是希望对方改变，但结果可能适得其反。如果你对对方有不满的地方，可以跟对方直接沟通，指出你希望对方改变的内容，这比侧面打击更有效果。就像你在繁忙的时候，希望对方可以帮你分担一点，你就可以直接说“我希望你帮我一下”。

另外一方面，当你想比较时，可以想一想伴侣的优点，以及你当初为什么会选择他。你可以告诉自己，我当时就是喜欢他的这些方面，他并没有比谁差，虽然会有缺点，但我就是被他的优点吸引的！其实换个角度想想，如果你总是抱怨对方，拿对方与别人比较，是不是也在贬低你自己的眼光呢？毕竟当初是你选择的他啊！

三种夫妻相处模式，你更接近哪一种

在以前，大家都觉得夫妻相处模式是无定式的，一切随心就好。常常能看到有一方无敌宠溺，另一方乐享其成的画面。也常常见证两人独立自由，共同进步，又或看着二人忠于玩乐，互不理解。其实啊，不同的夫妻相处模式，会带来不同的婚姻关系。

这个理论是由伯恩的交往分析理论发展而来的，被称作“成人—父母—儿童”理论，这里的“成人、父母、儿童”指的是夫妻二人在婚姻关系中所扮演的角色，根据双方角色不同，可以分为以下三种类型：

第一种，“成人—成人”的夫妻相处模式。这可以说是最健康的交往方式了。

在这种交往模式下，丈夫与妻子作为“成人”，都保持着各自的人格独立，对于对方的事不会有过多的干涉，给予双方足够的婚后自由。他们不会过分宠溺对方，但也不会不负责任地当甩手掌柜，婚姻在他们眼里就是生活的添加剂，有了就是润色，没有也不强求。

在“成人—成人”的夫妻相处模式下，两个人的亲密关系逐渐会得到提升，遇到困难一起解决，快乐的事一起分享。

第二种，“父母—儿童”的夫妻相处模式。这种模式略微带点病态了，通常表现为“母—子”或是“父—女”两种形式。

以“父—女”模式为例。在这种模式下，妻子扮演着儿童或者女儿的角色，期望得到来自丈夫的无限关心与爱，而丈夫也乐于扮演“父亲”的角色，给予妻子无限宠溺，就这样，他们幸福快乐地相处了一阵子。

但时间一久，丈夫会对妻子所扮演的“儿童”内心的自我与依赖感到疲惫，继而想要改变两人的相处方式，可妻子没有意识到。妻子会觉得丈夫变了，不爱自己了，而丈夫却觉得妻子太过幼稚。这样一来，婚姻就出现了危机。

第三种，“儿童—儿童”的夫妻相处模式。这是一种极不稳定的交往方式。

显而易见，两个孩子之间相处，能不冲动、不意气用事吗？你不让我、我不让你的，以自我为中心，不对自己负责，更不对对方负责，这样的两个人在一起，未来堪忧。

在外逛街的时候，时常会遇到这样的小情侣或小夫妻：他们的感情看似很好，走在路上互相依偎，坐在餐厅你侬我侬，可一遇到点事情，情况就会发生巨大转变。比如，点菜的时候，妻子想吃韭菜盒子，尽管丈夫极其排斥韭菜，她依旧坚持；而丈夫呢，也非得点一道洋葱炒蛋，因为妻子不喜欢洋葱，他觉得这是以彼之道，还施彼身。就这样谁也不肯退让，谁也不肯为对方妥协，最后两样菜确实都点了，只是他们各吃各的，原先的好心情也早就被破坏了。

在上面的例子中，不知道大家有没有注意到，这对夫妻的相处模式或者吵架、冷战的方式很幼稚，两个人就像小孩子一样，只要是自己想要的东西就一定要得到，不管不顾别人的看法的，只想得到别人的照顾，自己却一点责任心都没有。

人们都知道这样的相处模式很可怕，殊不知，也许自己与另一半的亲密关系中就存在着这样的问题。这就是柠檬下面要仔细分析的“儿童—儿童”型夫妻相处模式。

在这样的相处模式中，丈夫与妻子都扮演着儿童的角色，一个家中有两个孩子，还不得乱了套？没有谦让，只有争夺；没有冷静，只有无止的争吵。或者是争吵的最高境界——冷暴力，“你不对我好，我就不理你”。

除此之外，还有一个重要的表现，就是“不负责”。既不对另一半负责，又不对自己负责，两个人皆是如此，那谁来对你们的婚姻甚至是你们的孩子负责呢？

这样的两个人，在处理夫妻间的每件事时，都只会考虑到自己是否快乐，是否得到了满足，这样一来，意气用事的时刻就多了起来。而热衷于享乐的“儿童夫妇”，很少会有上进心，走一步看一步，“及时享乐，开心就好”就是人生及婚姻的宗旨。因此，在婚姻的漫漫长路中，他们会遇到各种各样的困难险阻。走过了，是运气；走不过，就会怪别人。

想要改变这样的相处模式，首先就是消除内心的抗拒感。对于改变，每个人内心都会有些抗拒，因为害怕自己改变之后情况会变得更糟糕，还不如现在。其实，大家可以试着在心里告诉自己，这样的亲密关系继续下去实在不是一件好事，其中暗藏的隐患太多了，除非自己不在意家庭是否完整，不然就该到改变的时刻了。

其次，也是心理暗示，告诉自己“我已经是个大人了，已经成为别人的妻子/丈夫，不再是一个无理取闹的孩子了”，当然这样的暗示力度还不够，去了解了解健康的夫妻相处模式，或许你会有更深的体会。

最后，与你的另一半增加沟通，一起分析两个人的关系，讨论在你们这段婚姻中该担起的责任，以及该在哪些部分妥协或是坚持。这样讲清楚、聊明白，有些问题也就不复存在了。

讲到这里，如果大家还是不理解这三种夫妻相处模式，没关系，柠檬给大家再举一个例子。

比如现在有一颗糖，家长和孩子同时想要，结果显然会是孩子开心地得到了糖果，这说的是第二种夫妻相处模式，“父母—儿童”型；换作两个大人呢，也许会相互谦让，或一同分享，这就是“成人—成人”型，是最健康的相处模式；但如果是两个孩子同时想要，估计会是一番恶战，谁也不让谁吧，这就是典型的“儿童—儿童”型了。

当父母与儿童相处的时候，儿童的无理取闹会被完全包容，所有的自私任性都是因为他还只是个孩子，父母便给予他无限的宠溺与关爱，他理所应当地接受，完全是“一方无限索求，一方无偿付出”的状态。

而这样的情况，与之前提到的“父母—儿童”夫妻相处模式极其相似，下面柠檬就仔细来聊一聊这一种夫妻相处模式。

很多妻子都会有这样的疑问：一开始丈夫宠自己宠得不行，要什么给什么。她说东，他不敢往西。可渐渐地他似乎变了，自己说的话似耳旁风，吹过就散，他是不爱自己而喜欢上别人了？

其实啊，真相也许不是他喜欢上了别人，而是你们之间的交往出现了问题，他对此感到疲惫、厌倦罢了。这就得从你们的相处模式说起了，在你们的婚姻关系中，也许你始终在扮演着“女儿”这一角色，而你的丈夫呢，则扮演着你的“家长”“父亲”。你对你的“父亲”予取予求，他对你也是宽容至极、宠爱居多，你享受着来自他的关心与爱护，他也同时沉浸在给予你无微不至的庇护，在这种状态下，你们安稳地生活了一阵子。

但这是一种病态的夫妻相处模式。乍一看这种模式，父亲—女儿，女儿—父亲，是一对平行的亲密关系。但扮演父亲的丈夫在长时间的付出后会觉得疲惫无比，强大的责任感会渐渐压垮他，让他觉得这样下去不是一件好事儿，他需要的是妻子而非孩子。但此时此刻你在想的，也许还是那个包包好漂亮好想要，压根就没有注意到你们之间存在的问题。他忍无可忍，你一脸茫然，不知为何。

而当你们有了孩子之后，事情可能会变得更糟糕，他的责任更加重大，不仅要负责小孩子，还要照顾你这个大孩子，根本忙不过来。

当然还有一种情况，就是扮演儿童角色的你意识到，在过分的管束与宠爱之下实在是太令人窒息了。你想要逃离他的控制欲，你内心的反叛心理不断叫嚣着自由，他开始限制你的日常活动，你们的关系陷入僵局。不同的需求导致了不平等关系的发生，这就是矛盾所在。

在柠檬解释了这么多之后，若是大家对号入座发现自己的家庭就存在着这样的情况，不要惊慌，当务之急是弄明白自己在这段亲密关系中的定位，是一位合格的妻子而非儿童或父母，并且找个时间与你的另一半来个促膝长谈，聊一聊对方心里希望自己成为什么样的伴侣，而自己对此的想法又是什么。沟通与交流，才是解决夫妻问题的良药。

幼稚型配对就像两滴水的关系。把配偶类型用“两滴水”来形容，不是说他们的感情柔情似水或富有包容性，而是指他们婚姻关系的性质是一种完全重叠、高度融合、1 + 1 = 0 的共生关系。配偶的神经症个性，多半是两个依赖性人格，或者一个是依赖性人格，另一个是自恋性人格。

他们的婚姻生活从表面上看，彼此相互依恋、关心对方、照顾对方，谁也离不开谁。从内心深处，他们的情感感受是一种类似于母亲与婴儿之间的共生状态。配偶似乎在补偿婴幼儿时的情感饥渴，或在重复婴儿时对母亲的依恋。如果配偶分开，他们内心会产生极度的空虚、无助和不安。就像婴儿离开母亲时经历的一种分离焦虑。

一般情况下，恋爱和婚姻初期，配偶都会经历一个甜蜜共生阶段。不过，人需要成长，婚姻需要发展，不可能总是停留在共生阶段。正常的婚姻度过了“共生”期，应该向彼此尊重个性的“个体化”期发展。但是对于有神经性人格障碍的配偶，他们是按理想自我去操纵婚姻关系的。因此，走进婚姻不久，他们会逐渐发觉配偶不再像过去那样给他甜蜜幸福。当受骗的感觉产生时，他们的失望转为愤怒，便开始用冷战、嫉妒、跟踪、拒斥等方式向对方攻击。例如，用讨好的方式让对方服从自己的意思，用失落、受伤害的样子激起对方的负疚感，以采取怒气与指控迫使对方就犯，也可装出看破红尘、无所事事的样子来削弱对方的控制欲，等等。这样的幼稚型配对，注定会从幻想的依恋共生，走向痛苦的敌对依附或分裂。

认识自己，建立关系中的心理边界，允许伴侣成长为他（她）自己。当然，最健康的还是“成人—成人”的相处模式，如果能改掉两人幼稚的缺点，那么，你们将收获更加完美的爱情和婚姻。

三个人相爱的幸福家庭模式，你相信吗

前几天柠檬出门上班的时候，恰好遇上邻居一家三口出门，爸爸妈妈牵着孩子，相互叮嘱，场面要多温馨有多温馨。这时候柠檬想起一句话，“不幸的家庭各有各的不幸，幸福的家庭却是一样的”。邻居一家是幸福的，父母与孩子在一起，就像三个人一同谈恋爱一样，热情新鲜，相爱相顾。这也是柠檬在这一节想要与大家聊的主题，“三个人相爱的幸福家庭模式”。

事实上，心理学家们早已总结出了幸福的家庭模式，这个模式不是在现实层面，而是在更深层次的心理层面，符合等边三角形心理关系的家庭都是最容易幸福的家庭。

众所周知，三角关系以其稳定性著称，那么，三角关系进入一个家庭，会是什么样的呢？父亲、母亲与孩子各占一条边，共同形成一个三角形的家庭模式。其中，在等边三角形的家庭模式中，爱均匀地分布在夫妻关系和亲子关系中，有任何一条边失衡，都会引起或大或小的家庭问题，甚至会把第三方一同拉扯进来，三个人都会受到影响。

举个例子，在一个家庭中，妻子对丈夫感到不满，那么她就会花更多时间在孩子身上，或者对孩子抱怨丈夫。这样一

来，就不仅仅是夫妻关系出现问题，代表孩子与父母关系的两条边会不等长，亲子关系问题也会逐渐冒出来。

从上面的例子还可以看出，在家庭三角关系中夫妻关系是最重要的一边，是家庭稳固的基石。一旦夫妻关系出了问题，等边三角形就会变成任意三角形，孩子将会成为最大的受害者。就像离异或即将离婚的家庭里，夫妻距离拉远，这时候，即使两人给予孩子足够的爱，所带来的力量也会因距离而逐渐抵消，甚至产生副作用，让孩子觉得父母的分开是自己造成的，从而陷入深深的自责与愧疚之中。

说了这么多，究竟该如何靠近最好的家庭模式呢？在这里，柠檬有几条建议。

第一，有益的争吵会促进家庭三角关系的牢固。完全没有分歧的家庭是不存在的，这里大家要试着在争吵的时候提醒自己，争吵不是为了发泄愤怒，不是为了指责埋怨对方，而是为了让对方理解自己，在这个基础上促使双方都能够有所改变。

第二，控制好一个度，避免无限制地占用家庭关系中任何一个人的时间。比如孩子喜欢黏着妈妈，就使夫妻交流时间严重缩水，丈夫对妻子只顾孩子不顾自己表示不满，妻子对孩子过于黏人表示担心，这所有的一切都会使家庭三角关系失衡。

所以，无论是谁，都尽量避免过分索取另一方的关注，既然是一个等边三角形，那么大家所付出与所得到的关注都应该是平等的、等质等量的。

第三，每天都要保证有全家共度的时光，用来互相了解，增进感情。在一个家庭中，总会出现互相不理解、产生误会的时刻。若是彼此能多一些性格、处事等方面的了解，会不会更能对对方的行为感到理解、产生共鸣呢？全家共度的时光，不仅仅是孩子成长过程中必要的环节，还是夫妻关系中不可缺少的一部分。

找到生活中的平衡点，慢慢地走近等边三角形的家庭模式，有争吵但不过分，有误会但不冷处理，相爱相顾，三个人一起谈一场令人难忘的恋爱。

♡ 你的家庭跟理想中的幸福家庭差了什么

人的一生中，先是在父母组成的家庭里快乐成长，而后与爱人组建一个新的家庭，便开始期望拥有下班回家进门后你我各自换上拖鞋，你洗菜来我做饭的和睦家庭关系。但现实的夫妻相处中总是有许多争吵、无奈和伤心，甚至后悔选择和他度过一生。现实中的夫妻和理想中的家庭关系究竟差了什么呢？怎么才能改变这种让人无力的状态？柠檬来教大家几招。

第一，将喋喋不休的抱怨变成有技巧的沟通。聪明的女人知道经营感情，而不是消费感情。丈夫对妻子来说是港湾，是安全的臂膀，所以妻子会情不自禁地将自己所有的委屈、愤怒、脾气全部展现在他的面前。但是回家后的指责、无理取闹的质问、不分条件的唠叨渐渐会使丈夫在家中丧失轻松和愉快的感觉，对妻子的感情也由此逐渐变淡。

经营感情则是将想说的话有技巧地表达出来。首先，观察他的情绪，如果他今天很沉默，看着十分沮丧，那不说话的陪伴和拥抱就能让他感到家的美好。等到他的情绪缓和过来，再开始说你想表达的意见，如果想让丈夫真的将你的话听进去，一定先要表示对他做法的理解，然后说说自己的感受，最后言简意赅地表示你想让他怎么做，这样会让你说出的话更有效。

第二，以真诚的赞美回馈对方的欣赏。爱美、爱面子的女人总是把丈夫的赞美当成理所当然的事情，但赞美也是相互的，如果你总是处于只接受不回馈的状态，就会逐渐打消对方的积极性，家庭矛盾也许会因此产生。

既然赞美是相互的，那么懂得欣赏对方也就显得十分重要了。平日里丈夫赞美你美丽大方、善解人意，你就可以通过观察他的行为举止、衣着服饰、工作状态等给予回馈。比如在休息日时，他主动帮你分担一部分家务，你可以夸夸他善解人意；在他西装笔挺准备出门应酬时，为他理理领带，赞美他的英俊；在他顺利完成工作任务时，对他表现出崇拜。这些都是能使他感到愉快的做法。

第三，用礼貌代替内心的无礼与粗暴。你若是热衷于调查丈夫的行踪，一定会给丈夫带去无尽的烦恼，失去夫妻间的信任不说，连最基本的礼貌都所剩无几，而尊重彼此才是最好的解决办法。比如不翻看他的隐私，尊重他关于自己事情选择和决定的权利，给他一定的私人空间，并且做到在孩子面前不诋毁父亲的形象，等等。真正的尊重让两个人都感到舒适，也维护了你自己的尊严。

家庭能够和睦是大家心中无比向往的生活状态，仿佛一个美丽的花园，为了能好好地建设它，夫妻两人需要共同努力，共同创造良好的家庭关系。与此同时，你还可以将一些好的方法应用到其他的为人处世之中，相信对你未来的发展也是大有好处的。

为什么婆婆总是挑我的刺

一谈到婚姻家庭，便总会提到婆媳矛盾这个话题，大家普遍会有这样的观点：“婆媳是天敌。儿子娶了媳妇就会忘了娘。”带着这些观点，很多未婚女性甚至在择偶条件里加上一条：绝不与父母同住。当然了，结婚后的女性更是时常烦恼，为什么婆婆总要挑我的刺？总是管这管那？

年龄的代沟、观念的差异、角色的不同，这些都是引起婆媳矛盾的原因。但最重要的一点是，情感的争夺。为什么婆婆会刁难你？因为在婆婆看来，你是把她的儿子抢走的那个人，儿子会受到你的影响，对她关心越来越少。她嫉妒你占据了儿子的情感，所以对你天然就有一种敌意；同时她也担心你是否能够妥善地照顾儿子的起居，因此会频繁关注你们夫妻间的生活，总是在一些生活小事上跟你产生分歧。而作为媳妇的你，心里也自然觉得委屈，明明你为了这个男人孤身一人来到另一个家庭，为了这个男人学会洗衣、做饭、料理家庭，付出了这么多，结果还要被婆婆管教，久而久之，对婆婆也产生了不满，甚至产生了怨恨。

这样下去，双方的不满与矛盾只会越来越大，直到最后彻底爆发。这真的是你想看到的局面吗？你是不是应该想一些办法来缓解矛盾呢？

首先，你需要调整自己内心的情绪和看法。换位思考一下，如果你也有孩子了，试想一下如果将来孩子为了另一个人而忽略你，想必你的心里也会难过，而这正是如今你婆婆的立场。在你出现之前，她是与你丈夫关系最亲密的人之一，而现在你却是陪她儿子走到最后的人，这种失落感可想而知。当然，柠檬不是要你在婆婆面前做低伏小、委屈自己，只是希望你对她的情感能理解一二。这里还有一个小技巧，那就是培养一些自己的休闲娱乐或者兴趣爱好，这样你跟婆婆的问题便只占你生活的一小部分，甚至不值一提，那你为之烦恼的概率也会大大降低。

其次，即便你们发生矛盾，你感到生气、委屈了，也要有办法排解自己。在平复完内心的不平衡之后，你该如何处理与婆婆的矛盾呢？最重要的是沟通、理解，在双方闹矛盾时，最好的方法是两个人坐下来，面对面地静下心去沟通，把矛盾说清楚，把你的内心感受真诚地表达出来。但值得注意的是，沟通并不等于双方各自诉苦：你说你的委屈，我说我的不满，这样的交流是没有效果的。正确的沟通应该是双方分享自己的想法感受，以及下次遇到这种事情该怎么处理，各自该做哪些让步，等等。

你把夫妻情处成了兄弟情，这婚姻还能长远吗

我们平时那么好，一起应约出游，一起送孩子上学。为什么他要出轨，要背叛我！

我恨他，但我也真的离不开他！

这是一位 38 岁的母亲前来咨询夫妻关系时，含泪爆发出来的两句话。

这看似平常得不能再平常的抱怨，其中却包含着太多的夫妻矛盾。这里柠檬就和大家一起来探讨一下，夫妻间的一种最不正常却又最经常发生的相处模式：

夫妻情 = 兄弟情。

在这种相处模式下，每周夫妻二人有大概 2~3 次一起下班共进晚餐，饭后各自学习、游戏，互不打扰；两个月中可能有 1~2 次家人共同外出的计划，超市也好，应邀聚会也罢，购买结束或者大半夜回家，剩下的就是收纳和休息。

回想起来，夫妻间真是没有多少争吵，因为大家的生活习

惯、购买物件都是固定的，谁也没有心思再去突然来一个惊喜刺激对方或者惹怒对方。在外人的眼里这对夫妻也非常恩爱，从没有当着外人的面红过脸、急过眼。总之，家庭氛围一直都是直线水平，没有起伏，也没有冲突。

然而，来咨询的大多数来访者，家庭氛围是这种情况的并不少见。为什么会出现明明没有争吵，却依旧有出轨的局面呢？

起源

这样的家庭大多数是在有了孩子后出现的问题。大部分妻子在有了孩子之后，注意力会急速转到孩子身上，甚至在丈夫已经明确表达出自己被忽略了，希望妻子多关注他之后，妻子的关注点还是在孩子身上。因为在妻子的思维里，孩子是最重要的，需要把全部精力放到孩子身上，孩子才能健康成长，而丈夫是成年人了，少关注一点也不会有什么大问题，自然就会对丈夫比较忽视。

然而，婚姻的本质却是，夫妻双方互相关注、互相包容、互相参与，而不是父亲、母亲、孩子，个体做个体的事情；或者母亲和孩子一体化，父亲独自一人，这样的模式注定会产生问题。

经过

这也是很多家庭矛盾冲突的伊始，夫妻一方单纯地认为只要是结婚了，感情就会一直存在。实际上，是把兄弟情和夫妻情混淆了。

人际交往中有很多种感情形式。父子之爱、兄弟姐妹之情，这两种是有血缘关系的感情模式，就算不主动维持，依旧可以藕断丝连。朋友之间的感情，确定后便可以固定在友谊的范畴内，最后会进化为有如亲人般的关系，如果双方没有大的变故，便可以一直持续下去。但是男女间的爱恋之情，在初始因为互相吸引后有了夫妻关系，比友情高，比亲情浅，维系彼此的是夫妻之间的关注和理解。

但是，如果一方认为另一方并不需要自己的关注，他是一个个体，可以很好地照顾自己，而另一方却不这么认为，依旧想的是我们彼此需要和彼此关注，那就必将遇到危机。冷战、出轨、离婚等，就是夫妻接下来要面临的困境。

面对

当然了，这些只是从女性角度来反思，为什么会有这种处境出现，并不是说男性一点责任都没有，那也是不公平的。

只不过在处理问题的时候，要一个一个去分析，这也是让处于矛盾中心的主人公能尽快走出困境的一条有效途径，然后再去尝试分析从不同角度解决问题。

一对夫妻在婚姻中是否美满，可以从三个方面去考查：一是感情基础如何，二是能否相互沟通，三是相互关系是否具有建设性。

简单来说，夫妻之间能否做到相互善意地提出意见和相互支持，这才是最重要的保证婚姻能够长久的前提。

第六章

没有结果的恋爱，
也是一场治愈的修行

世界是个回音谷，念念不忘，必有回响，你大声喊唱，山谷雷鸣，音传千里，一叠一叠，一浪一浪，彼岸世界都收到了。（李叔同《晚晴集》）

表白被拒之后，怎样走出阴霾

你对他心生爱慕，暗恋许久，看见他的身影就心花怒放，听见他的声音就小鹿乱撞，每天都希望自己能和他多一点交集，做梦都希望能和他在一起。然而，当你好不容易鼓起勇气向他表白时，却被他拒绝了。

当你表白被拒，怎样才能走出阴影，保持继续爱别人的能力呢？这一节，请听柠檬讲一讲表白被拒后必做的几件事吧。

第一件事，不要因为被拒绝就觉得自己一无是处，对自己丧失信心。

人们在接受了自己确实是被拒绝了这个现实以后，痛苦就会汹涌而来。这些痛苦不仅仅因为是你对自己喜欢的人求而不得，更是因为你觉得自己整个人都被别人否定了，长久建立的自信心土崩瓦解，产生了深深的自我怀疑，并且开始自怨自艾。

每个人的潜意识里都有一个千疮百孔的自我形象，集合了你的缺陷、弱点，曾经犯过的错误和尴尬的经历。当你的生活一帆风顺的时候，这个自我形象便被藏在内心深处，从不露面。可一旦被别人拒绝，尤其是被自己心仪的人拒绝时，这种自我形象就被唤醒了。对方嘴中说出的一个简单的“不”字，在你耳朵里就变成了："你这个自以为是、愚蠢可笑、痴心妄想、惹人讨厌的人，我才不要和你在一起！"

可事实上，别人并没有这层意思。你不妨回想一下自己拒绝别人的场景，大多数情况下，你不讨厌他们，只是觉得你们并不合适，对自己无法接受别人的好意的尴尬，必须拒绝对方却又怕伤害对方的为难。别人拒绝你的时候，大多也抱着同样的想法，而不是对你抱有恶意的鄙夷，最重要的是，你心中那个千疮百孔的自我形象根本就不是真的。

所以表白被拒绝后，不要让对方的拒绝成为你自怨自艾的导火索，并且从今以后再也不敢向自己喜欢的人表白。因为，被人拒绝不会降低你的价值。而且不表白也是有代价的，你规避了被拒绝的风险，同时，因为你的犹豫和将就，那些本可能被抓住的缘分、可能携手一生的人就都溜走了。这一点适用于人生中的任何机会，你应该惧怕的不是被拒绝，而是行至生命终点却一事无成。

第二件事，避免对拒绝你的人心怀怨恨。

不要因为觉得自己受到伤害就开始对他人抱有敌意。他们拒绝你并不意味着他们是坏人，你们都在追求幸福，只是目标和方向不同罢了。就像歌中唱的那样："我爱你，和你没关系。"你可以喜欢别人，但别人并没有义务一定要以同样的态度去喜欢你，如果因为别人没有按照自己的幻想行事就心怀怨恨，只会让人对你退避三舍。如果抱着这种心态来经营感情，就算真的能在一起，也很难开花结果。

最后一件事，留给自己足够的时间和空间，去 KTV 吼一晚

上，去泡个热水澡，到自己喜欢的餐厅大吃一顿，努力让自己的生活回到正轨。

抱着“我这么好，一定会找到一个愿意宠我、爱我的人”的信念，用心经营自己。这样，才能以最美的姿态与生命中的那个他相遇。

失恋了，你就该要死要活吗

“失恋对一个女生的伤害到底有多大？”这样的话题大家都不陌生，却在咨询过程中反复出现。有的人选择怀念曾经的温暖，有的人选择记录此刻的颓废，还有的人选择用新的恋情掩盖过去的伤痛。同样面对失恋，为什么会有这样不同的态度？或者说，为什么有的人会反其道而行，选择阳光、积极地面对？这是一门学问，很深的学问，这一节柠檬就和大家一起来探讨一下，“失恋了，你就该要死要活吗？”

柠檬特别喜欢爱尔兰人罗伊·克里夫特的一首名为《爱》的短诗：“我爱你，不光是因为你的样子，还因为，和你在一起时，我的样子。”情侣一起经历风雨，彼此成为更好的人，这不就够了吗？离婚，或是分手，都不能代表这段感情是错误的，最重要的是，不管在一起还是分开，你们都在不断地成长，变得更好。

失恋不可怕，可怕的是你不知道接下来的路该怎么走。所以，第一步，也是柠檬认为非常重要的一步，认清失恋的意义。

有的人失恋了，就觉得自己的世界塌了，然后自我堕落，不吃、不喝，也不收拾自己，就那么静静地躺在床上，闭着眼悔恨自己当初不应该这样或那样做。如果你是这种状态，那就大错特错了，失恋并不代表失败，这是一种成长，在这个过程中，你知道了自己哪里做得不够好，明白了强扭的瓜不甜，勉强在一起对于两个不合适的人来说就是浪费生命。不如坐起来想一想，你从这段感情里学到了什么，又缺少了什么。这才是面对失恋最正确的态度。

“我不够漂亮、不够体贴、不够温柔，所以他才离开我的。”让这种说法滚出你的世界吧！

很多人可能会说，失恋了自己要更加坚强。所以她们强忍泪水，独自消化痛苦。柠檬要说，不管是亲人还是朋友，再或者心理咨询师，只要你想说、想骂、想哭，是不会有人阻止你的。这是你身体最需要的发泄模式，哭够了，静下心来你就要仔细想想了，以后的路该怎么走，这才是正常的自我痊愈的轨迹。别忘了，你最难过的时候，身边的每一个人都是你最坚实的后盾。

最后，学会重拾自己。恋爱后你找到了属于自己的另一半，失恋了，你觉得失去了自我。其实不然，真正的恋爱不是0.5+0.5，而是1+0.5，最后变成1+1+1。你是想变成0.5还是成为那个独立的1，完全取决于你对自己的态度！想清楚这个逻辑后，接下来该怎么做，不用柠檬说，你也应该是自信满满的吧。

当一段感情渐渐枯萎，最正确的选择是慢慢放下，然后你才能遇见属于自己的花骨朵。

♡ 你想要的安全感，其实他给不了

常常听到身边好友讨论分手的原因，细数对方种种恶行，恨不得给他扣上“让人难以忍受”的大帽子，但其中说到更多的，大家更感同身受的，还是“安全感”——这个说不清也道不明的东西。

在感情中，低安全感会让你变得疑神疑鬼，害怕婚姻关系不稳定，害怕自己无法控制对方。爱人至晚不归，你猜测对方是不是跟别的女人在一起了；他对你说的话置之不理，你觉得他不在乎你、不爱你了，这一切的一切都在叫嚣着你内心的安全感得不到满足，你的不安渐渐浓烈，你们的关系渐渐僵化。

在你眼中，究竟什么才是安全感？从心理学的角度来看，安全感是一种渴求稳定的心理需求，是一个人给另外一个人的感觉，是一种让人可以放心、可以依靠、可以相信的言谈举止等方面表现带来的内心满足。

比如说，你的安全感可能来源于另一半每晚的早归、睡前的夫妻密谈、认真的倾听与走心的关怀。一旦这些消失了，你就会开始不安，甚至焦虑，觉得对方给不了你安全感了，认为都是他的不对，可这些看似由环境、他人、事件造成的不安，真正的根源其实就在你的心里。

也许相对于对方来说，你的自信水平比较低，于是当你看到对方与异性在一起的时候，即使他们只是同事关系，你也会忍不住去猜疑和焦虑，怕在他身边的那位异性有一天会取代你，觉得人家比你年轻，比你漂亮，还比你能干，把人家看成天仙，把自己贬得一文不值，这又是何必呢？

还有一种原因来自你幼时的经历。当人们还是儿童的时候，极度依赖父母，有着对安全与满足的需要，可当父母总是把你一个人留在家里，或是没有陪伴你走过一些人生的重要阶段时，你就会感到焦虑，甚至对父母产生敌意。但因受制于对父母的依赖，只能不安而又无奈，到长大后，有了对象，就会觉得对方这个行为让自己感到没有安全感，那个行为又让自己焦虑不已，没人能懂自己心中的难过。

也许一直以来，你都依赖着对方，觉得安全感都是来自外界，其实不然，安全感这东西是要自己给自己的，靠别人给你安全感，实在是一件很不靠谱的事。

那么，究竟该如何给自己安全感呢？这就要讲到外国心理学家做的一个实验了。大多数人都惧怕大蜘蛛，而这个实验呢，恰好是让人们去触摸蜘蛛。起初大家确实是不敢靠近的，因为实在是太缺乏安全感了，但在工作人员的不断引导下，人们开始说出自己心中的想法，慢慢鼓足了勇气，向蜘蛛靠近。

在这个实验中得到的结论是，当人们的安全感极度缺乏的时候，不如与自己对话，说出自己心中的想法，会有增强安全感和缓解压力的作用，那些让你觉得不安的事好像也没有那么让人焦虑了。

除此之外，增强自信心，自我提升也很重要。既然你觉得自己不够优秀，那么就努力使自己变得优秀，这不仅是让你心理上觉得自己与爱人是相配的，还是你自身不断提高的一个过程。空闲时间多读一些书丰富知识，一年来几次旅游开阔自己的眼界，多翻翻时尚杂志提升自己的衣品，当你已经足够好时，安全感也就会一直在你身边了。

感情中，念念不忘，是否必有回响

这几年，人们在很多地方都能听到这样一句话——念念不忘，必有回响。

在感情中，念念不忘，是否必有回响呢？

“念念不忘，必有回响。”这句话最开始的出处是李叔同的《晚晴集》里，他在书中说：

世界是个回音谷，念念不忘，必有回响，你大声喊唱，山谷雷鸣，音传千里，一叠一叠，一浪一浪，彼岸世界都收到了。凡事念念不忘，必有回响。因它在传递你心间的声音，绵绵不绝，遂相印于心。

这句话真正被人们熟知是在电影《一代宗师》中——叶问七十余岁时打咏春木人桩，他在一个动作结束后侧耳倾听，弟子事后问其原因，他回答：“念念不忘，必有回响。”

念念不忘，必有回响。它以温和而坚定的姿态走进了很多人的内心。它文艺清新，独具一格，实质上也与“有志者事竟成”这样耳熟能详的名言阐述着相同的价值。它们仿佛都在告诉世人：人生在世，只要坚持不懈，就一定会收获期望的结果。但是，它真的是金科玉律，在所有事情中都能畅行无阻吗？

现在，很多人对于“执着”这个词过度痴迷。所以当人们发现这句更加唯美、温柔的话可以用来表达同样意思时便迫不及待地拿过来作为自己人生奋斗，甚至是爱情追求的格言。可是，你是否想过，一段感情，如果需要你用“念念不忘，必有回响”这样的话来激励自己继续的话，或许所念的根本就没有意义。

因为需要你念念不忘来期待回响的人，大都对你没用真心。你心心念念，辗转反侧地思念一个人，你把让自己快乐的能力交付于他（她），你把对方一点点的温暖和善意当作暗夜里的光，给自己找寻不放弃的借口，但是这样看似痴情的你，真的不是在感动自己吗？亲爱的你，忘了他吧！因为真爱你的人，不会对你若即若离，更不会让你在暧昧的关系中迷失自我。而盲目的念念不忘能带给你的，除了精神上短暂的自我麻痹，更多地只有伤痛。所以对于你自身来说，需要念念不忘的对象就不值得你如此。

而对于对方来说，因为从未将你看在眼里，放在心上，你的痴情、你的付出，自然廉价又可笑。再者，倘若你们本是朋友，你的过分执着，不仅得不到想要的结果，反而会伤害原本的情谊。柠檬深知求不得的痛苦，却也明白“强扭的瓜不甜”这个朴实的道理。

所以啊，柠檬想说：在感情中念念不忘，很多时候，你可能只会错付流年。柠檬不否认在很多时候，人们需要坚持不懈的力量来支撑度过漫长的人生。但是，在感情中，你真的要学会告诉自己适可而止。

♡ 暗恋也是一场治愈的修行

电视剧《夏至未至》中有一个角色让观众恨得咬牙切齿，但又很令人心疼，她就是程七七。程七七和陆之昂都在年少时有一个藏在心里、不敢语言的暗恋对象，但是前者陷入执念，不知不觉中走入歧途，无法回头；后者选择了放手，最终遇见属于自己的真爱。有人会说程七七是反派角色，陆之昂是正面角色，所以结局注定是不同的。但是给他们定性的从不是哪位作家的笔尖，而是我们看剧时的心态。不能说程七七一点错都没有，她最大的错误就在于没有积极地面对两情不相悦这种状态，陆之昂拥有的积极心态让他正视了人生中的这点挫败。

暗恋的结果只有两种。一种是你们在一起了，一种是你们没能在一起。前者皆大欢喜；后者的进一步结果演化就要看你是何种心态了。

下面，柠檬就告诉大家如何摆正心态，希望能帮助你摆脱消极，走上正确的恋爱道路。

第一，你要积极地肯定自己。当你没有得到喜欢的人的爱时，会不由自主地盯着自己的缺点纠结，埋怨自己为什么没有更漂亮、更聪明一些。这时候如果钻牛角尖，会使你整个人的状态越来越糟，也会把原本的生活弄得很糟。所以，你需要多关注自己的优点。当你只关注自己积极的品质时，就可以在无形中放大它们，通过这种心理暗示增加自信心。比如，你可以回想自己取得的或大或小的成就，对自己说：你是最棒的！你真的很不错！这些看似傻乎乎的行为都能对你自信心的恢复起到积极的作用。

与此同时，你还可以通过改变自己的外在形象增加自信。比如把自己美美地打扮一番，或者模仿身边充满自信的人的行为动作。这也可以让你从外界收获很多自信心。

第二，你要肯定自己这段“失败”的暗恋。肯定它的失败是因为你已经明白：每一段爱情都是在为最适合你的爱情的到来做准备。在那之前，你会经历各种分手的原因。比如你在交往过程中把爱情摆在了一切事情的前面，忽视了家人、朋友，渐渐地失去了自己。又或者你对另一半总是疑神疑鬼、患得患失，让对方觉得压力太大。这些原因固然令人悲伤，但它最大的作用是为你打开一扇窗户，疗愈了你的伤痕，完善了你的下一段恋情。当你吸取了上段感情中迷失自我的教训，那么在下一段感情中就会有意识提醒自己，除了爱情，你还有别的需要在意的内容，工作、亲情等都不应该被随意忽视。这样你就会在爱情中保持独立而有魅力的角色了，自然也就不会再重蹈覆辙。就像电视剧《夏至未至》中说的那样：有些男孩教会我成长，有些女孩教会我爱。每一段感情都会给你不同的收获。

恋爱是一场漫长的修行，修行的目的就是升华自己，所以不要着急，真正的治愈系爱情会一直等着你。在跨过千山万水后，自然会有最好的地方等着你的到来。

初恋为什么让人难以忘怀

后来，我总算学会了如何去爱，可是你，早已远去消失在人海。后来，终于在眼泪中明白，有些人一旦错过就不再。——《后来》

这是柠檬最早听过的关于初恋的描述，也在经历过后才懂得，原来初恋真的有这样的魔力，你或许已经记不清那是什么年纪，也记不清你们在一起了多久，甚至连他的长相都会模糊，但那种为他的一个回头而心跳的不能自已的感觉却从未消退，记忆中共同经历过的欢笑也从未泛黄，任时光荏苒，你的心中永远留有最初的悸动。

到了春意与春心共同萌动的二月，又迎来了一年中最让单身狗“凄凄惨惨戚戚”的情人节。柠檬在白天发了条消息，怒斥广大情侣，高举 FFF 旗帜，满嘴调侃看似嘻嘻哈哈，到了月挂枯枝、万籁俱寂之时，却也不自觉地回想起自己的初恋来。他眼角上翘的弧度，侧颜挺拔的鼻梁，笑时双颊的酒窝，弹琴时专注的模样和他身上特有的味道一齐袭来。虽知一切皆为过往，但那个时刻涌上心头的甜蜜和酸涩却久久无法散去。

相信很多人会有和柠檬一样的感受。总有那么一些不经意的时刻想起他，也许还未走远，心里像打翻了五味瓶；也许时过境迁，想起时嘴角温柔地上扬。但无论如何，初恋总是被珍藏在记忆的角落。

从爱情的产生和发展来看，心理学家把初恋的发生和发展过程划分为两个阶段。第一阶段是爱慕意识阶段，此时你对异性的爱是悄然发生的，是默默的爱，也就是俗称的“暗恋”。有数据调查显示，大多数人的初恋发生在学生时期，尤其是初高中时期。这时候的人们认为爱情朦胧而神秘，他们心怀憧憬却又不敢揭开爱情的面纱，往往只在心底默默注视，到了毕业也没能说出口。这种甜蜜和忧伤交织酿造的醇美就这么封存在心底，不时散发出幽香。初恋的第二个阶段则发展到了“恋爱”的程度，爱情已然萌芽。这个时期的人往往处于高考的压力中，也没有经济负担，两个人惺惺相惜，纯洁的爱恋就此展开。但也正是因为没有这样那样的社会负担，这种爱情大多以夭折告终，甚至高考毕业后便迫于大学异地而劳燕分飞。这种未果的爱情从此成了不少人心里永远的一道疤。

那么为什么初恋总成为人们心口的朱砂痣，如此难以忘记呢？这可能是因为三个心理学效应。

第一个效应叫“契可尼效应”。它是指人们往往极易忘记圆满完成了的事情，而对中断了的、未完成的事情记忆犹新。想想看，如果你在做某件事时突然被打断，你是不是会在后来很长一段时间里不知不觉回想起那件事，“如果当时没有被打断，我可能会……”初恋亦是如此。

初恋之所以令人刻骨铭心，正是因为它的未完成性，越难以得到的东西，在人们心中的地位越高，也越有吸引力。人们常常会想起那段无疾而终的感情，想起和初恋情人一起度过的美好时光，“如果当时我们没有分开，也许我们现在……”越这样想，越忘不掉，那些记忆深深印入了人们的脑海，那最初内心的悸动也深深刻在了心头，一生难以忘却。

第二个效应叫“记忆的乐观主义”。回想过去，你是不是觉得自己对初恋只剩下了美好而温暖的回忆，那些曾经略显幼稚的互相伤害和猜疑似乎都随时间淡去，反而一起度过的美好时光历久弥香，更令人回味？这是因为人们的记忆有着一种奇特的功能，它可以把悲痛的经历转化为甜美的回忆，于是当初的青涩和眼泪淡化，只有快乐和满足留在脑海中，甚至初恋情人也变得理想化了。

第三个则被称作“罗密欧与朱丽叶效应”。罗密欧与朱丽叶的爱情故事想必大家都不陌生，他们彼此相爱，却无奈被家庭束缚，最终双双殉情。这就是一种心理效应，父母等外在压力的干涉反而会加深彼此的感情，相信大多数人的初恋都是在中学时代，由于父母、学业各方面的压力最终不得不分开，被要求放弃初恋时你们也曾激烈地反抗过吧？正是这样的经历让你如此难以忘记初恋，试想如果当初你们不是因为外界压力分开，而是在长期相处后发现彼此不合而分手，初恋还会是你心口的朱砂痣、白月光吗？

早在 17 世纪，法国哲学家拉布利伊尔就曾说过说：“人真正由心底深处迸发出感情来恋爱的只有一次，那就是初恋。初恋以后的各次恋爱，都不如初恋那般全心全意，毫无顾忌地投入感情。”是啊，谁的初恋不深刻，那是一辈子都回不去的岁月，但你也完全不必为它的无疾而终感到懊悔和伤感，更不必为自己念念不忘感到苦恼，一生一次的爱恋，化为心口永远的朱砂痣，也许正是它最美的姿态。

对初恋，你大可心怀感激，并从中学习，期待下一份爱情叩响你的门扉。请相信：你错过了他，不过是代表有人在下一个路口等着你而已。

♡ 也许，敢于说出口才是真正的释怀

大概很多离婚的夫妻、分手的情侣、绝交的朋友在“分开”之后，对另一方都选择闭口不谈，似乎释怀到连名字也不愿提起。可是在柠檬看来，这表面的“释怀”实则反映出了内心的“放不下”，生怕提到一点关于对方的内容就激起自己的情绪，揭开自己伤疤。所以有些时候，敢于说出口才是真正的释怀。

其实不只是情感上需要真正的释怀，生活中也有许多不如意的事需要你去放下。在这里，柠檬有几招可以教给大家，让你做到真正的释怀。

第一，拒绝逃避，主动面对。大多数人在面对生活中不如意的时候总是选择逃避，事实上你应该正视它，站在一边细细地审视这件事或者这段感情，寻找导致最后坏结果出现的原因。比较双方对待此事的态度与想法，同时换位思考，或许结合对方的内心与自己的想法，一切问题就都不算问题了，离你自己的释怀也就不远了。

第二，外出旅游。都说旅游是散心的最好方式，选择一个环境不错自己又喜欢的地方去看一看、走一走，让自己感到解脱，感到全身心的放松。去大城市感受别人的生活节奏，去少

数民族聚居地感受不一样的风情，去海边吹吹海风，去沙滩晒晒太阳。旅游途中也许会认识新的朋友，感受人与人之间不一样的价值观、人生观，或许你会对放不下的人和事有新的理解。

第三，换个环境，照顾好自己的情绪。外出旅游只是暂时换个环境的方式，若是回来后发现周边环境都在提醒自己那些不如意的事，坏情绪久久不散，不如换个工作、换个住址。在新环境下好好调整自己，照顾好自己的情绪，释怀的前提是不沉溺于过去，多尝试一些新的东西，感受不一样的美好，就不会执着于过去那些得不到的东西了。

第四，全身心投入做一件事。这件事可以是看一本书，也可以是练习舞蹈、乐器，还可以是边听音乐边学做手工，每个人的爱好不同，所以选择也可以不同。当你全身心投入的时候，或许会突然之间注意到许多以前被自己忽略的部分，甚至无意之间会从自己所做的事中得到解决问题的答案，使你彻底释怀。

而全身心投入地去做一件事，对你自身的帮助都非常大，你能够学会发现生活中的美好，也就不会总是拘泥于一件事而不愿放手了。

等到哪一天，你能够心平气和、坦荡荡地提起那一件件曾经令你挣扎万分的事，能够笑着说出那个人的名字，能够去完成未完成的承诺时，大概就是你真的释怀的时候了。

分手后还能做朋友吗

一段感情结束之后，双方还能不能做朋友，这一直是个有争议的话题。在大多数情况下，分手后再做朋友是不太可能的。

过去种种被伤害的感受，都是横亘在两人之间难以逾越的障碍。很多人选择不再同前任交流，否定对方的存在，甚至和对方呼吸同样的空气都是大写的拒绝。

但也有很多情侣，因为在分手之后，没有了以前对互相的期待，反而真的与前任发展出一段真正的、纯粹的友谊。

究竟什么样的情侣分手后还能做朋友呢?

第一种，关系的结束是愉悦而正常的。在这段关系中，没有狗血剧情的上演。结束的原因无关出轨、移情别恋、缺乏信任与嫉妒，双方的结束是友好地达成了一致的。

选择什么样的分手方式也会影响之后关系的发展，心理学家巴克斯特（Baxter）总结了三种类型的分手策略：

当面摊牌

面对面交谈对于这一段关系的感受。分手的想法可能会被对方表达出的愤怒和受伤影响，不过，这是一种比较坦诚、尊重彼此的方式。

保持距离

拒绝私人的互动，无视对方爱与归属的需求。

微信不回，电话不接，在社交网络上沉默，从你的生活中消失。慢慢变冷淡，然后冷分手。

操纵对方提出分手

让你觉得自己是这段关系中的负担，如果不分手，就会耽误他，这是很自私的一种人。

或是故意做出对方无法忍受的事情，挑战对方的底线，让对方主动提出分手。

当面摊牌说清楚，是在恋情结束后有可能发展朋友关系的唯一方式。如果使用后两种间接的方式结束关系，分手后基本都是再也不相见，也谈不上做不做朋友了。

第二种，彼此有强大的社会支持系统。分手之后，有强大的来自朋友和家人的社会支持系统，帮助你度过分手这段艰难的时光，你就更可能和前任在分手之后建立朋友关系。

第三种，从朋友发展成的恋人。无论是你还是对方提出了分手，如果在亲密关系开始之前，你们就是朋友，或者有很多共同的朋友，那么在关系结束之后你们也可能保持朋友关系。

学生时代的恋情，在结束后就很可能回归为友情。

第四种，在关系中对彼此有过很多承诺。那些在关系中对彼此承诺越多、联结越深的人，在关系结束后更可能成为朋友。

那么，与前任保持友谊关系，真的是个好主意吗？

就算上述提到了很多能够在恋情结束后保持友谊的因素，也不意味着做朋友就是最好的选择。如果前任曾经因为欺骗、虐待而深深伤害过你，那么做朋友可能并不是一个好主意。

在双方并不想变成完全的陌生人，但都犹豫不决的情况下，分手后保持友谊是不是个明智的决策呢？当然了，这是个因人而异的选择。很多人认为，与前任做朋友意味着你很成熟，能够处理好人际关系。但大多数人还是会有顾虑，担心现任的情绪、怕尴尬、怕麻烦，等等。

和前任做朋友，并不意味着要到密友那样亲密无间；不做朋友，也不一定就要撕破脸。

结束一段恋情后，把握好与前任明确的边界很重要。

尊重对方的边界，有所不为，也防止对方突破自己的边界，才能不伤害任何一个人。各自分开生活，当同处于一些公共场合时记得保持友好态度，也许是一个折中的选择。

♡ 如何在感情结束后，不委屈

你的生命已过去多年。你看过了许多地方的云，听过了多种声音，关于爱情的至理名言也知道了很多。从当年喜欢在小本子上抄写爱情名言，到后来在小说、电影和实践中看过了爱情的多种模样。按理说，在理论上你已经学会了该在什么时候和不对的人分手，该如何开始新的生活，可是为什么你还是无法说服自己洒脱决绝？

冯唐在《好人》一诗中写道：“我明白了所有的事理，为什么还是委屈。”这让柠檬想起以前看的一个故事：故事里的女生耗尽了所有的努力，用完了所有的尊严，终于和自己喜欢的男生在一起了。但是男生并不是真的喜欢她，女生清楚地知道这个事实，却还是从不说分手，百般地对男生好，可是最后，男生还是带着愧疚离开了那个女生，直到结局，女生还是无法放下那个男生。很多人都觉得女生最后的行为实在是太愚蠢了。但是故事的主角如果换作我们，我们也会和那女生一样，觉得自己满腹委屈，无法说服自己做出“正确”的决定。

人们不能对那个女生执着追求爱情的行为做任何评价，但是为了更好地生活，大多数人无法对女生到最后依然放不下这段感情的行为表示认同。这个时候，除了别人的安慰，你更要努力地说服自己放下不舍的过去。

首先，你要知道，人们放不下一段感情，是因为还爱着那个人，还因惯性而执迷着，或者因为怀念喜欢那个人的时候的自己。喜欢一个人的时间太长以后，往往会将真心的喜欢和习惯一个人的陪伴这两种感觉混淆，也可能将喜欢一个人和眷恋一个人的感觉混淆。所以当你决定放手后，一定要明白自己到底喜欢的是什么。如果你发现和他的感情有太多矛盾、阻碍，两个人早已经没有了当初简单的感情了，你就会成功说服自己了。就像有句话说的那样："没有放不下的东西，痛了，就自然放下了。"

然后，不要害怕自己在这段情感里会输得一败涂地。在感情的赌局里，即使输了，也得抬头挺胸、骄傲无畏，因为那只是你太善良、太真诚了。况且，感情如果分胜负，没有人会赢，从你喜欢上一个人开始，你就注定输了。很多人不想也不敢跟过去说再见，有一部分原因就是不愿意承认自己输了，到最后都想守住那一点点尊严，不想看到自己输得血本无归的样子。这其中也会有不甘心的因素，不甘心自己一无所获，想得到与自己的付出等价的回报。如果没有得到，就会一直纠缠在那段遍体鳞伤的感情里。可是，既然不爱了，何必再去计较那些得失和那点自尊呢？反正你们都会分开，这一生能不能再见面都还是个问题，真要计较，他不会在乎，你以后也不会记得。

最后，无论何时都要自己活得舒服，活给自己看。想想自己告别了那段感情后是不是会更幸福，是不是会变得更美丽？当你发现自己在放下过去之后，生活不会糟糕，反而说不定会更好，就自然而然地释怀了。趋利避害是人类的本能。

柠檬絮语

亲爱的朋友：

感谢你翻阅到了最后，每天与我在一起，不知道你是不是更开心一点了呢？

我就是书里提到的柠檬，也是国内最大的女性心理成长公益服务平台。朋友们从各处和我互动的次数总共超过 8 亿次，能经常和我在一起的小伙伴也已经超过了 500 万人。我多希望你也能加入我们这个大家庭呀。

我们都来自世界各地，可能每天都会面临很多问题，比如：

又被催婚了。
什么，相亲的对象居然看不上我！
那个人到底喜欢不喜欢我呢？
好孤单，好想跟朋友约饭，可是翻遍通讯录也找不到那个人。

不想说话，不想聚会，只想一个人闷在家里。

内心空落落的，好像失去了奋斗的动力。

不好意思拒绝别人，却常常让自己很受伤。

一点火就炸毛，经常伤人伤己，可是真的控制不住脾气。

孩子老是不听话，气得我肝疼。

别担心，在这里柠檬就是你最贴心的情感树洞。

我们有资深的心理专家帮你免费咨询，有专业准确的心理测试帮你了解自己，更有很多志同道合的姐妹陪你一起成长。

我们愿意成为你的支撑，陪你一起享受幸福，慢慢变好。

我是柠檬，我永远爱你。如果想要联系我，可以扫码来看看我呀。

爱你们的柠檬